# Israel, Palestina

Alain Gresh

# Israel, Palestina

## Verdades sobre un conflicto

Traducción de Jaime Zulaika

**EDITORIAL ANAGRAMA**
BARCELONA

*Título de la edición original:*
Israël, Palestine. Vérités sur un conflit
© Librairie Arthème Fayard
París, 2001


*Publicado con la ayuda del Ministerio francés
de la Cultura - Centro Nacional del Libro*


*Diseño de la colección:*
Julio Vivas
Ilustración: foto © Jérôme Sessini


*Primera edición: marzo 2002*
*Segunda edición: junio 2002*


© EDITORIAL ANAGRAMA, S.A., 2002
Pedró de la Creu, 58
08034 Barcelona

ISBN: 84-339-2553-9
Depósito Legal: B. 25086-2002

Printed in Spain

Liberduplex, S.L., Constitució, 19, 08014 Barcelona

# AGRADECIMIENTOS

Este libro nació de una conversación sobre la enseñanza del conflicto árabe-israelí, de un temor suscitado por las manifestaciones que siguieron en Francia al estallido de la segunda Intifada, y de una indignación ante el trato que los responsables políticos dispensaron a los acontecimientos. He utilizado los trabajos de docenas de autores palestinos, israelíes, franceses y anglosajones. He saqueado alegremente las investigaciones más recientes sobre la historia del conflicto, pero también las reflexiones más antiguas sobre la «cuestión judía» o la nación judía. En la bibliografía dejo constancia de mi deuda con ellas.

Doy las gracias a Isabelle Avran, Alice Barzilay, Sylvie Braibant, Marina Da Silva, Laurence Malegat, Rita Sabah y Dominique Vidal por su relectura minuciosa del manuscrito, pero sobre todo por sus críticas, sus sugerencias, sus mejoras, sin las cuales este libro no sería como es.

Mi mayor gratitud a Henri Trubert, de la editorial Fayard, que aceptó sin vacilar el proyecto balbuciente que le presenté, y que me sostuvo con sus consejos.

Este libro está dedicado a mi hija y a los jóvenes de su generación, a mis hijos. Lo he escrito pensando en ella y en ellos.

# I. CARTA A MI HIJA. «DIOS ESTÁ DEL LADO DEL PERSEGUIDO...»

He escrito este libro para ti, pensando en ti y en todos los jóvenes de veinte años. Hace más de dos decenios que escribo, que doy conferencias, que hago reportajes sobre el conflicto palestino-israelí. He debatido acaloradamente sobre los derechos de los palestinos, el carácter del Estado de Israel, la paz venidera. Convencido de la fuerza de la razón y de la lógica, de la necesidad de superar los prejuicios, he intentado comprender y hacer que se comprenda a este Oriente supuestamente complicado. Lo he hecho siempre con pasión, porque llevo a Oriente Próximo en el corazón, porque nací y crecí allí. Y confío en transmitiros, a ti y a tus hermanos, como mínimo una pizca de esta inclinación, a pesar de que mi itinerario no sea ni el tuyo ni el vuestro.

Tras el fracaso de los acuerdos de Oslo y la espiral de violencia en Oriente Próximo, durante una temporada me invadió el desaliento. Una vez más la paz se alejaba, una vez más la región se veía arrastrada a la locura y a los enfrentamientos. Peor aún, el conflicto rebosaba en Francia. Miles de judíos franceses, a menudo muy jóvenes, se manifestaban ante la embajada de Israel, algunos de ellos gritando: «¡Muerte a los árabes!» En otros lugares, otros jóvenes franceses, con frecuencia de origen magrebí, clamaban de indignación por la represión en Cisjordania y en Gaza, algunos de ellos gritando: «¡Muerte a los judíos!» Hubo sinagogas atacadas, incendiadas. Durante varias semanas, el espectro de una guerra comunitaria gravitó sobre la «dulce Francia». Más allá de la condena de principio de todas las manifestaciones de antisemitismo, los responsables políticos no parecían reaccionar. En los colegios y los institutos, profesores paralizados explicaban que preferían guardar silencio a abrir el debate: hasta tal punto las solidaridades «comunitarias» –los «*feuj*» con Israel, los «*beur*» con los palestinos, los «franceses de pura cepa» mirando a otro lado– parecían fuertes, «naturales», insuperables; más valía no exacerbarlas.

¿Cómo consentir ese foso? Para mí equivaldría a abdicar de los principios que han impulsado mi trabajo, mis compromisos, mis convicciones. Pertenezco a una generación que llegó a la política –como decimos que uno llega al mundo– en los años sesenta, a través del formidable movimiento de descolonización y en pro de la lucha, que proclamábamos invencible, del pueblo vietnamita contra la agresión de los Estados Unidos. Las divergencias eran entonces políticas, me atrevería a añadir que ideológicas si esta palabra no tuviera hoy tan mala prensa. Ni los orígenes de

10

unos ni la religión de los otros tenían peso en nuestros análisis, nuestras luchas, nuestras certezas. Queríamos formar parte integrante de la humanidad, por encima de los prejuicios, las asignaciones de la «raza» o incluso de la nación. Es lo que nos había seducido del mensaje universal del marxismo: «¡Proletarios del mundo, uníos!»

Claro está que el conflicto árabe-israelí era más complicado que la guerra del Vietnam. La victoria israelí sobre Egipto, Siria y Jordania en la guerra de junio de 1967 había despertado un entusiasmo delirante en Francia. El peso del genocidio de los judíos, el mito del *kibbutz* (explotación agrícola colectiva) socialista, pero también el sentimiento de «revancha» contra los árabes sólo cinco años después del fin de la guerra de Argelia, eran otros tantos factores que explicaban estas posiciones unilaterales en favor de Israel. Pero los enfrentamientos seguían siendo esencialmente políticos. Y en las organizaciones comunistas y de extrema izquierda, donde militaba un gran número de judíos, defendíamos, una vez más, posiciones internacionalistas.

Sin embargo, éramos los herederos de una tradición nacional. Nos seguían fascinando esos franceses declarados traidores a su patria por haberse enrolado en el bando del Frente de Liberación Nacional argelino; se les llamaba los «maleteros». A diferencia de Albert Camus, habían preferido la justicia a «su madre». Nacido en Egipto, de madre de origen ruso judío y de padre copto, ateo pero respetuoso con los creyentes, yo me reconocía en el país de las Luces. Como ya te he dicho, hija, tengo el inmenso privilegio de haber «escogido» mi nacionalidad: el instituto de El Cairo me había hecho francés de cultura y de corazón, aunque no lo fuese de sangre. Admiraba a Voltaire. Se había comprometido en el caso Calas, defendiendo a ese calvinista acusado en 1761 de haber matado a su hijo, presuntamente convertido al catolicismo, y ejecutado al año siguiente en Toulouse. El caso dividió a Francia. Hubo que esperar a 1765 para que Calas fuese rehabilitado después de que Voltaire asumiera su defensa con todo el talento y la energía que ponía, por otra parte, en combatir los fanatismos religiosos, incluido el protestantismo, y los privilegios de las iglesias.

«Con mi hermano contra mi primo, con mi primo contra los extranjeros»: esta máxima, al parecer, resumía la espiral de las matanzas que conoció el Líbano sumergido en la guerra civil de los años setenta. Yo siempre he rechazado esta lógica. ¿Hay que aceptarla hoy, cuando se celebra la «aldea global», los derechos universales de la persona y la igualdad entre los seres humanos? ¿Habría que considerar legítimo que los judíos sean solidarios con Israel y los musulmanes con los palestinos? Podemos comprender las proximidades familiares, afectivas, religiosas. «Casi todos los judíos de Estrasburgo», señalaba un responsable del Consejo Representativo de las Organizaciones Judías de Francia (CRIF), tras diversos incidentes antisemitas en otoño de 2000, «tienen familia allí. El sentimiento básico es una reacción de inquietud por los allegados. En cuanto un peligro amenaza a Israel, la solidaridad surge de lleno.» En cuanto a los jóvenes de origen musulmán, se identificaban con los que lanzaban las piedras, por razones sociales –«Desheredados del mundo, uníos»– o por un sentimiento, más o menos difuso, de pertenencia cultural o religiosa. Una nota de prensa de la policía del mes de diciembre de 2000 señalaba que las agresiones antisemitas, bastante aisladas, expresaban sobre todo el desquiciamiento de algunos jóvenes de las ciudades y que no había que atribuirles un carácter político. Pero ¿duraría eso?

Porque la izquierda permanecía extrañamente al margen de los acontecimientos en Palestina. Paralizada por el temor a los desbordamientos, haciendo un llamamiento a las autoridades religiosas para calmar las tensiones, abandonó a su suerte a aquellos jóvenes que crecían fuera de su influencia, de su cultura, de su visión del mundo. No supo dirigirse a ellos, responder a los tormentos que hallaban en las ciudades, encontrar las palabras que conmueven, realizar las acciones que habrían podido dar un contenido universal a lo que ocurría en Palestina y en Israel. Asqueados, ¿hacia quién se dirigirían esos jóvenes? ¿Hacia quienes dan al combate una explicación y una solución, religiosa o comunitaria?

Sin embargo, voces valerosas, aunque minoritarias, rechazaron tanto esta ceguera de la izquierda como el desvío de las solidaridades «comunitarias». El 18 de octubre de 2000, *Le Monde* publicaba un llamamiento: «Ciudadanos del mundo en el que vivimos y ciudadanos del orbe, no tenemos razones ni

13

costumbre de expresarnos como judíos», escribían decenas de intelectuales, entre ellos el resistente Raymond Aubrac, el ex presidente de Médicos sin Fronteras Rony Brauman, el filósofo Daniel Bensaïd, el médico Marcel-Francis Kahn, la abogada Gisèle Halimi, el matemático Laurent Schwartz y el historiador Pierre Vidal-Naquet.

«Combatimos», proseguían, «el racismo, incluido, por supuesto, el antisemitismo en todas sus formas. Condenamos los ataques contra las sinagogas y las escuelas judías, que apuntan a una comunidad en sí misma y a sus lugares de culto. Rechazamos el internacionalismo de una lógica comunitaria que se traduce, aquí mismo, en enfrentamientos entre jóvenes de una misma escuela o de un mismo barrio.»

«Pero, al pretender hablar en nombre de todos los judíos del mundo, al apropiarse de la memoria común, al erigirse en representantes de todas las víctimas judías del pasado, los dirigentes del Estado de Israel se arrogan asimismo el derecho de hablar, a pesar de nosotros, en nuestro nombre. Nadie tiene el monopolio del judeocidio nazi. Nuestras familias también tuvieron su cuota de deportados, de desaparecidos, de resistentes. Por eso nos resulta intolerable el chantaje a la solidaridad comunitaria, que sirve para legitimar la política de unión sagrada de los dirigentes israelíes.» Algunas semanas más tarde, junto con intelectuales árabes o de origen árabe, creaban un comité para la defensa de una paz justa en Oriente Próximo. Los dos grupos –por suerte no fueron los únicos– trataban de trascender las lógicas identitarias en nombre de principios universales y a pesar de las condenas: Roger Ascott, en *L'Arche, le mensuel du judaïsme français* (julio-agosto de 2001), denunció como a «un puñado de semitraidores» a los judíos que no eran solidarios con Israel. No exigió, no obstante, que se les fusilara.

Como cada vez que se produce una nueva crisis en la región, me solicitaron que participase en los debates. Las discusiones fueron a menudo encarnizadas. Encontré a muchos jóvenes de tu edad, estudiantes de instituto o universitarios. Cobré conciencia de que no habíamos sido capaces de transmitir esta experiencia «internacionalista» de la que hablaba más arriba. Deseo, contra todos los vientos desfavorables y sin querer idealizar el pasado, asumir este papel de «transmisor» y entregar el relevo. Este deseo constituye el origen de este libro. He querido restablecer una determinada serie de hechos, sin los cuales no es posible ningún diálogo serio, y al mismo tiempo exponer los principios en los que descansa mi manera de ver el conflicto.

El enfrentamiento en Palestina es uno de los más antiguos del mundo. Data de hace un siglo, aproximadamente, con la emergencia del movimiento sionista en Europa y las primeras oleadas de colonización en Palestina. Desde la Primera Guerra Mundial hasta hoy día, ha implicado, en cada época, a todas las grandes potencias, del imperio otomano a la Rusia zarista, de la Unión Soviética a la Alemania nazi, de los Estados Unidos a Gran Bretaña. Se ha plasmado en cinco guerras, algunas de las cuales estuvieron a punto de degenerar en una conflagración mundial. En el programa de historia del último curso, que estudia el mundo actual, Oriente Próximo está dividido en varios capítulos, en varias temáticas. Además, por motivos ya mencionados, como numerosos profesores son reacios a abordar este tema «sensible», que rara vez cae en el examen de bachillerato, la confusión es de rigor. Ahora bien, el conocimiento es una condición indispensable de todo debate. Jóvenes y menos jóvenes pueden contrastar puntos de vista distintos si poseen, lo que por lo general no ocurre, los elementos históricos básicos. Recordaré, pues, los hechos y los eslabones que me parecen imprescindibles en toda discusión seria.

Pero estas precisiones son insuficientes. En definitiva, ya existen centenares de obras que analizan a fondo el conflicto, su historia y sus protagonistas. No por ello los «especialistas» se ponen de acuerdo. ¿Por qué? Porque cada uno lee, conscientemente o no, ese drama a través de «parrillas de análisis» que dan un «sentido» a los sucesos. ¿Qué responder a quien proclama que la tierra de Israel fue otorgada por Dios a los judíos? ¿Podemos impugnar a Dios? Una visión religiosa basada en un mensaje divino no es negociable. ¿Cómo convencer a alumnos musulmanes que piensan que Palestina es un *waqf* (bien inalienable) islámico y que no puede ser objeto de regateo o de transacción?

Compréndeme bien. La línea divisoria, por lo que respecta a Palestina o para cualquier otro enfrentamiento, no siempre pasa entre los religiosos y los

16

otros. Algunos laicos defienden posiciones nacionalistas extremistas que adjudican una superioridad a los «suyos» contra los «otros»: ya lo hemos visto en Serbia o en Croacia.

Por otra parte, algunos religiosos recomiendan una lectura humanista. En un artículo publicado en el diario *Le Monde,* el 9 de enero de 2001, el rabino David Meyer recordaba que, en la tradición judía, la idea de «tierra santa» o de «promesa incondicional» sobre la tierra de Israel no existe. Citaba el capítulo IV del Deuteronomio (uno de los primeros libros de la Biblia): «Ahora, pues, Israel, guarda las leyes y mandamientos que yo te inculco y ponlas por obra para que vivas y entréis y os posesionéis de la tierra que os da Yavé, Dios de vuestros padres [...] Ved que os he enseñado leyes y estatutos, conforme a lo que me ha ordenado Yavé, para que os asentéis en el país donde vais a entrar para poseerlo. ¡Observadlas y practicadlas! Ahí residirá vuestra sabiduría y vuestra inteligencia a los ojos de los pueblos. [...] Ahora bien, cuando hayáis engendrado hijos, y luego nietos, y cuando hayáis envejecido sobre esta tierra, si entonces degeneráis, si fabricáis un ídolo, imagen de un ser cualquiera, haciendo así lo que disgusta a Yavé, tu Dios, y le ofende, tomo por testigo, hoy contra vosotros, a los cielos y a la tierra; desapareceréis rápidamente de ese país por cuya posesión vais a cruzar el Jordán, no prolongaréis en él vuestros días, seréis proscritos de ese territorio.» Y el rabino se interroga sobre ese culto insensato «que constituye la idolatría de la tierra de Israel, del «Gran Israel», que antepone «los conceptos de santidad y de lo sagrado al del respeto de la vida humana». Algunos de nuestros intelectuales laicos deberían tomar buena nota.

Por mi parte, no pertenezco a ningún «partido de Dios»; me conformo, como el «bastardo Goetz», el protagonista de la obra *El diablo y el buen Dios,* de Jean-Paul Sartre, con pertenecer al de los hombres, o más bien al de los seres humanos. No reconozco jerarquía alguna entre ellos, como tampoco clasifico en una escala ascendente o descendente a las comunidades religiosas o nacionales. Aun cuando comprenda que por motivos a veces familiares, en ocasiones religiosos, con frecuencia culturales, podamos sentirnos más cerca de tal o cual pueblo... Siempre que no se idealice, siempre que no se absuelvan los crímenes cometidos en su nombre.

Claude Lanzmann es el director de *Temps modernes,* una revista fundada por Sartre. Desempeñó –pero mucho antes de que tú nacieras– un papel en el debate intelectual francés. Lanzmann ha perpetrado una película lamentable y apologética sobre el ejército israelí. Tiene derecho a hacerlo, estamos en un país libre. Ha hecho otra, notable, sobre el genocidio de los judíos. Ha rodado una tercera titulada *Pourquoi Israël?* En ningún momento habla en ella de los árabes. A la pregunta del porqué de esta ausencia, responde, en un artículo de opinión de *Le Monde* (7 de febrero de 2001): «A ellos les corresponde hacerlo.» Párate un minuto a considerar la aberración de esta frase. Los negros deberían escribir sobre los negros, los árabes sobre los árabes, los judíos sobre los judíos...

Lógica étnica, tribal, lógica de guerra, alejada de todo ideal humanista.

En Palestina, para mí no existe ningún derecho «natural» o «religioso». Remontarse a tres mil años o hasta a mil años antes para definir qué parcela de tierra pertenece a quién es un ejercicio absurdo, ilegítimo, pero también sangriento. Esta argumentación fue utilizada por los dirigentes de Belgrado para justificar un «derecho» sobre Kosovo, «cuna de Serbia». Sabemos que las naciones modernas datan del siglo XVIII y la Revolución Francesa. Volveré sobre este punto en el capítulo III. Pero la ocupación de una determinada región francesa por las tribus germánicas, o de Aquitania por los *anglois*, no crea ningún derecho...

¿Cómo, entonces, orientarse entre reivindicaciones opuestas? Mediante la afirmación de la primacía del derecho internacional. ¿Qué dicen, en esencia, las resoluciones de la ONU sobre Palestina y sobre Israel? Reconocen que, en adelante, en la tierra histórica de Palestina se han asentado dos pueblos, uno el judío israelí, el otro palestino, y que esos dos pueblos tienen los dos derecho a un Estado independiente.

Pero maticemos esta simetría. En primer lugar, el pueblo israelí posee ya un Estado desde hace más de cincuenta años, mientras que los palestinos siguen sin tener uno y viven en un exilio forzado o bajo una ocupación. Por otra parte, la situación actual nació de una injusticia original. Los palestinos fueron expulsados de su hogar, sobre todo en los años 1948-50, por las milicias judías y luego por el ejército israelí, como explicaré en el capítulo IV. Esta expulsión, durante largo tiempo negada o rechazada tanto en Israel como en Occidente, es ya un hecho establecido, gracias en especial a los trabajos de los «nuevos historiadores» israelíes. Vivimos en una época y en un conjunto, Europa, donde se invoca hasta la saciedad el «deber de la memoria». Muy bien, pero no demos pruebas de una selectividad. La injusticia cometida contra los palestinos merece, al igual que otras –múltiples durante la época colonial–, reparación y en primer lugar reconocimiento. Esta dimensión moral no puede ocultarse, pues condiciona una reconciliación entre los israelíes y los palestinos.

Sobre este conflicto pesa gravemente el genocidio de los judíos. Las posiciones que se adoptan, tanto en Francia como en Oriente Próximo, están marcadas al rojo vivo por lo que constituye uno de los crímenes más abominables de este siglo. La aniquilación de los judíos por el nazismo y sus aliados, y la incapacidad de las grandes potencias de la época de detener ese crimen han generado una culpabilidad en las opiniones occidentales y una inclinación a favor de los que se proclaman herederos de la historia y de la memoria de los judíos. Este martirio propició el voto de la Asamblea General de la ONU, el 29 de noviembre de 1947, en favor del reparto de Palestina, y por consiguiente del nacimiento del Estado de Israel. Pero son los palestinos los que han pagado el precio de un crimen que no habían cometido. En el capítulo V volveré también más por extenso sobre esta contradicción.

Cuando se habla de Oriente Próximo, no es posible «no mojarse». La neutralidad constituye una ilusión. Sin embargo, yo rechazo la solidaridad abstracta con uno de los dos bandos. No creo que un pueblo, ningún pueblo, sea «bueno», «justo», «superior» por naturaleza o por cualesquiera gracia divina o inmanente. Ningún pueblo está investido de una «misión superior». En cambio, existen «causas justas». Esta distinción se les escapa a veces a los comentaristas. Richard Liscia, en un artículo sobre –o más bien contra– la prensa publicada por *L'Arche* en noviembre de 2000, denunciaba uno de los «mecanismos» de los medios de comunicación y del público, la solidaridad con los «rebeldes»: «La admiración del público por los huelguistas de la SNFC y de la RAPT, o por los transportistas por carretera –que, no obstante, le envenenan la existencia–, no carece quizá de relación con la defensa frenética de la causa palestina. Nos situamos ahora, casi sistemáticamente, al lado de esos rebeldes.» ¿Hay que ofuscarse, de verdad, porque la opinión se ponga espontáneamente del lado de las víctimas?

En *Le Figaro*, el psicoanalista Daniel Sibony explica que «a la opinión occidental sólo le "gusta" la gente como víctima. Le gustan los judíos víctimas de los campos (le gustan sobre todo *después* de los campos), y los palestinos víctimas de los judíos». Observación ambigua sobre los campos, pero, una vez más, ¿es tan anormal sentirse solidario con las víctimas? No, siempre que se retenga esta lección de la historia: las víctimas de ayer fácilmente pueden, por desgracia, transformarse en los verdugos de hoy. Los ejemplos abundan, como el muy reciente de Ruanda. Los tutsis han sido víctimas de un genocidio perpetrado por los hutus, pero una de sus organizaciones ha conseguido conquistar el poder y ha cometido matanzas horribles. ¿Hay que absolver por eso a los responsables del genocidio de los tutsis? Pierre Vidal-Naquet, historiador y feroz enemigo de la tortura durante la guerra de Argelia, luchador incansable de las causas justas, cita este antiguo comentario rabínico de la Biblia, que dedico a los creyentes y a los descreídos: «Dios está siempre del lado del perseguido. Podemos encontrar un caso en que un justo persiga a un justo, y Dios está del lado del perseguido; cuando un malvado persigue a un justo, Dios está del lado del perseguido; cuando un malvado persigue a un malvado, Dios está del lado del perseguido, e incluso cuando un justo persigue a un malvado, Dios está del lado de quien es perseguido.»

Los intelectuales franceses, por su parte, no siempre hacen lo mismo. El silencio de muchos de ellos desde el estallido de la segunda Intifada es ensordecedor. Y además, en ocasiones, habría sido preferible que se abstuvieran de hablar. En un alucinante artículo de opinión (*Libération*, 10 de julio de 2001), tres de ellos, Marc Lefevre, Philippe Gumplowicz y Pierre-André Taguieff, respaldados por una decena de sus colegas, denunciaron la visita de solidaridad a los territorios ocupados que hizo una delegación que incluía, en especial, a José Bové. El subtítulo resumía el tema: «Las desgracias de los palestinos proceden de su dirección política corrompida y no de los colonos israelíes, como afirma el dirigente sindical [José Bové]». ¿Los 400.000 colonos? Sólo una pequeña minoría de ellos –30.000– son fanáticos religiosos; ¿por qué inquietarse, entonces?: serán evacuados en el momento oportuno. ¿La represión israelí? Ni siquiera se habla de ella, los firmantes denuncian únicamente los atentados «bárbaros». ¿«Las bases de un acuerdo definitivo como saldo de todas las cuentas»? Los autores escriben que esas bases han sido definidas en Taba en enero de 2001, lo cual es verdad; Arafat ha sido el único que no ha querido aprovechar esta oportunidad, lo cual es mentira. A no ser que se trate de pura ignorancia erigida en argumento teórico. ¿Una solución basada en dos Estados es la única posible? Nos deja estupefactos escuchar que Ariel Sharon «lo admite igualmente cuando los micrófonos están apagados». Sin duda igual que la Sudáfrica del apartheid aceptaba la independencia de los bantustanes... El día en que se publicó este texto, el ejército israelí destruía una veintena de casas palestinas en Jerusalén y en la banda de Gaza. Numerosas familias se vieron en la calle. Pero por qué inquietarse, esas casas se reconstruirán un día...

Está claro que a ese pequeño territorio de Palestina-Israel se le aplican otros principios, otras reglas de análisis que los que se utilizarían en otros casos. Siempre me asombra comprobar que intelectuales eminentes, prestos a movilizarse por innumerables causas, remolonean cuando se trata de Palestina. Hasta un filósofo como Jean-Paul Sartre, cuyas generosas posiciones son conocidas, desde la guerra de Argelia hasta la lucha de los negros norteamericanos, era, como poco, tibio en este asunto. A menudo inconscientemente, aplicamos a Oriente Próximo la regla del «doble rasero».

«¿Es racionalizar preguntarse de dónde salían aquellos niños, quién les había puesto en primera línea, en el marco de qué lúgubre estrategia de martirio? [...] ¿Me equivoco, sí, sugiriendo que la brutalidad insensata del ejército sudafricano, aquel exceso y aquella desproporción de los medios empleados eran una respuesta a lo que hay que llamar una declaración de guerra de los negros?» Estas palabras, si hubiesen sido escritas al día siguiente de los disturbios de Soweto en 1976, que vieron levantarse a la juventud de las *townships* de Sudáfrica, habrían desacreditado definitivamente a su autor...

Ahora bien, Bernard-Henri Lévy escribió este texto en *Le Point* el 13 de octubre de 2000. Decía lo siguiente: «¿Es racionalizar preguntarse de dónde salían aquellos niños, quién les había puesto en primera línea, en el marco de qué lúgubre estrategia de martirio? [...] ¿Me equivoco, sí, sugiriendo que la brutalidad insensata del ejército israelí, aquel exceso y aquella desproporción de los medios empleados eran una respuesta a lo que hay que llamar una declaración de guerra de los palestinos?» Decenas de jóvenes de menos de dieciocho años, en ocasiones niños, resultaron muertos en las primeras semanas de la segunda Intifada. Y Bernard-Henri Lévy se pregunta lo que hacían en primera línea. ¿Se habría formulado la pregunta si esos jóvenes hubiesen sido bosnios o chechenos?

Unas semanas más tarde, Bernard-Henri Lévy «rectifica» ligeramente el tiro, por decirlo así, a raíz de un viaje a Palestina: «Un argumento que no utilizaré más», reconocía, «después de haber oído a madres palestinas expresarme, como todas las madres del mundo, su angustia loca cuando, a la hora de la salida de la escuela, no ven volver a su hijo: "los niños deliberadamente colocados delante, transformados adrede en escudos humanos, etc.".» Pero añade que el pequeño Mohamed El Dourra, el niño cuya muerte fue filmada en directo por las cámaras de televisión, murió por «una bala "perdida"», no por «el disparo premeditado de un soldado judío asesino de niños» (*Le Point*, 24 de noviembre de 2000). Así pues, ¿Bernard-Henri Lévy necesita viajar a Palestina para comprender que las madres palestinas no aúllan de alegría cuando caen sus hijos, que los palestinos son, lisa y llanamente, seres humanos?

La historia juega a veces curiosas jugarretas, como demuestra esta información. La manifestación ha sido muy dura. Los enfrentamientos se han prolongado. Al término de un día de disturbios, se cuentan 9 muertos y 44 heridos graves. De estos últimos, 18 tienen de ocho a dieciséis años, y 14 tienen entre dieciséis y veinte años. La prensa denuncia entonces a esos padres que se sirven de sus hijos como «escudos humanos» o que les envían al combate mientras que ellos se quedan tranquilamente en casa. Esos hechos sí ocurren en Palestina, pero... ¡en noviembre de 1945 en Tel Aviv! Los manifestantes eran entonces judíos que protestaban contra las restricciones de la inmigración. *Davar*, el diario de la central sindical judía (la Histadrout), publicó una caricatura que le costó el cierre durante una semana: un médico, al lado de niños heridos en su lecho de hospital, le dice a un colega: «¡Buenos tiradores, esos ingleses! ¡Dianas tan pequeñas y no las fallan!»

Este episodio ha sido referido por Charles Enderlin, corresponsal de France 2 en Jerusalén, cuyo equipo filmó en directo la muerte del pequeño Mohamed El Dourra. ¿Bernard-Henri Lévy habría escrito en esa época que los jóvenes manifestantes habían muerto a causa de una «bala perdida»? ¿Y qué significa su expresión de «soldado judío asesino de niños»? Una reprensión a todos los que critican al ejército israelí: estaríais inoculados de un antisemitismo camuflado, propagaríais los peores clichés del antisemitismo, judíos asesinos de niños. Si nuestro «filósofo» hubiese leído, por lo menos, la prensa israelí, habría sabido que sí, que soldados israelíes matan deliberadamente, incluidos a niños.

La periodista israelí Amira Haas ha publicado este diálogo demencial con un tirador de élite del ejército israelí: «Nos prohíben matar a los niños», explica al hablar de las órdenes que les imparten sus superiores. Pero añade: «No disparamos a niños que tengan doce años o menos. Por encima de los doce años, está autorizado. Es lo que nos dicen» (*Le Monde*, 24 de noviembre de 2000). La organización israelí de defensa de los derechos humanos B'Tselem, esgrimiendo cifras facilitadas por el propio ejército israelí, ha mostrado que en las tres cuartas partes de los incidentes más mortales, entre el comienzo de la Intifada y el 15 de noviembre de 2000, no se había detectado presencia alguna de tiradores palestinos (*International Herald Tribune*, 14 de diciembre de 2000). La prensa mencionó los numerosos casos en que palestinos, sí, niños, habían sido muertos intencionadamente a pesar de que la vida de los soldados no corría el menor peligro. La negativa del ejército a realizar investigaciones sobre la mayoría de estos casos alienta, evidentemente, un comportamiento semejante. Y una investigación del periodista israelí Joseph Algazy, del diario *Haaretz*, reveló la pesadilla de decenas de palestinos de catorce, quince o dieciséis años golpeados, maltratados, torturados en las cárceles israelíes.

El caso de Mohamed El Dourra tocó un punto sensible, provocando otras reacciones asombrosas. Claude Lanzmann, de nuevo él, explicó en *Les Temps modernes* lo que le «asquea» en este asunto: «Que esta muerte haya sido filmada en directo por el cámara árabe de una cadena francesa de televisión. Yo, si viera a un crío en peligro de que le maten ante mis ojos, mi impulso sería más bien correr para intentar salvarle, y no jactarme de lo que Lacan llamaba la pulsión "escópica".» Charles Enderlin, el jefe de Talal, el cámara cuestionado, se preguntaba en una carta al lector publicada en *Le Monde*, en la que se definía irónicamente como «periodista judío de la cadena francesa France 2»: «¿Tenemos que firmar nuestros reportajes señalando a los telespectadores nuestra nacionalidad o religión: periodista judío, cámara árabe, técnico de sonido cristiano, montador de vídeo vietnamita?» Y precisaba: «Bajo el fuego durante cuarenta minutos, [Talal] temió perder allí su propia vida, y me llamó varias veces por su móvil para pedirme que me ocupara de su familia si él moría. Los otros cámaras presentes en el lugar filmaron la escena, Talal y su ayudante se protegían detrás de una camioneta blanca situada en medio de la encrucijada. Un miembro de una ambulancia intentó socorrer al pequeño Mohamed y a su padre. Lo mataron. Pero ¿es preciso subrayar que era árabe, palestino y musulmán?»

Soló una pregunta merece formularse: ¿cómo un soldado puede apuntar a niños y matarlos? Cualquier otra interrogación es obscena, se indigna el psiquiatra palestino Eyad Serraj. De esta obscenidad debemos precavernos al sumergirnos en la historia de este conflicto. No entraré aquí en detalles, hay innumerables libros sobre el tema; escogeré entre los hitos que me parecen indispensables para entender el conflicto. «Yo volaba con ideas simples hacia el Oriente complicado», escribió Charles de Gaulle. Esta fórmula trillada sirve a menudo para justificar la adopción de posiciones que se contradicen con los valores universales. Más vale que volemos hacia ese Oriente complicado con la brújula de la razón humana.

## II. SE GENERA EL CONFLICTO (1917-1939)

Un mundo se desmorona en 1917. La Primera Guerra Mundial entra en su último año. Los imperios otomano y austrohúngaro no sobrevivirán a ella. La Rusia zarista ya está muerta y los bolcheviques se aprestan a tomar el Palacio de Invierno y a instaurar un régimen cuya duración coincidirá con lo que los libros de historia denominan el siglo XX. En aquel 2 de noviembre de 1917, Lord Arthur James Balfour, ministro del poderoso imperio británico, da el último retoque a su carta. ¿Vacila un instante antes de estampar su rúbrica? ¿Le asaltó una premonición sombría? Seguro que no, pues ese texto, más conocido con el nombre de «declaración Balfour», fue largamente debatido por el gobierno de Su Majestad. Este gobierno declara que «ve favorablemente el establecimiento en Palestina de un hogar nacional para el pueblo judío, y no escatimará esfuerzos para facilitar la realización de este objetivo». La declaración, que, en una primera redacción, mencionaba a la «raza judía», precisa que, para la realización de este objetivo, «no se hará nada que pueda atentar contra los derechos civiles y religiosos de las colectividades no judías que existen en Palestina, ni contra los derechos y el estatuto político de que los judíos gozan en cualquier otro país». ¿Cómo crear un hogar nacional judío sin que afecte a las poblaciones árabes locales? Gran Bretaña jamás logrará resolver esta contradicción, que es el origen del más largo conflicto que haya conocido el mundo contemporáneo.

PROMESAS CONTRADICTORIAS DE LONDRES

La declaración Balfour responde a varias preocupaciones del gobierno de Londres. En primer lugar, mientras que la guerra se intensifica en el continente, se trata de ganar la simpatía de los judíos de todo el mundo, a los que se considera dueños de un poder considerable, muchas veces oculto. Esta visión, ironía de la historia, no difiere mucho de la de los peores antisemitas, que detectan en todas partes «la mano de los judíos». De este modo, el primer ministro británico de entonces habla en sus memorias del poder de la «raza judía», guiada por sus exclusivos intereses financieros. El propio Lord Balfour había sido el promotor, en 1905, de un proyecto de ley sobre la limitación de la inmigración en Gran Bretaña, dirigida ante todo a los judíos de Rusia. Mark Sykes, uno de los negociadores de los acuerdos que dividieron Oriente Próximo en 1916, escribía a un dirigente árabe:

30

«Créame, porque soy sincero cuando le digo que esta raza [los judíos] vil y débil es hegemónica en el mundo entero y no se la puede vencer. Hay judíos en todos los gobiernos, en todos los bancos, en todas las empresas.» La carta de Balfour es enviada a Lord Walter Rothschild, uno de los representantes del judaísmo británico, cercano a los sionistas.

¿Qué es el sionismo? Volveré a ello en el capítulo siguiente. De momento nos limitaremos a decir que ese movimiento reclama el «renacimiento nacional del pueblo judío» y su «regreso» a la tierra de Palestina.

La misiva de Balfour se dirige especialmente a los judíos norteamericanos, sospechosos de simpatía hacia el imperio austrohúngaro, el aliado de Alemania, y a los judíos de Rusia, influidos por las organizaciones revolucionarias que derrocaron al zar en la primavera de 1917. Muchos de ellos son partidarios de que Rusia firme una paz separada con el enemigo. Londres confía en evitar el «abandono» de su aliado. Balfour habla incluso de la misión encomendada a los judíos en Palestina: ¡hacer que los judíos del mundo se comporten «convenientemente»! Este cálculo fracasará porque, la noche del 6 al 7 de noviembre de 1917, los insurrectos bolcheviques se apoderan del poder en Petrogrado y reclaman la paz inmediata.

Pero Gran Bretaña, al respaldar al movimiento sionista, persigue asimismo un objetivo más estratégico: el control de Oriente Próximo. La desmembración de los vencidos se negocia en París, Londres y Moscú, a pesar de que la victoria no ha sido alcanzada. En 1916, París y Londres firman, y el zar ratifica luego, los acuerdos conocidos con el nombre de Sykes-Picot (Mark Sykes y Georges Picot son dos altos funcionarios, uno británico y el otro francés), que definen las líneas de división y las zonas de influencia en Oriente Próximo. Para Londres, Palestina «protege» el flanco este del canal de Suez, línea vital entre la India, la joya del imperio, y la metrópoli. El padrinazgo concedido al sionismo permite al gobierno británico obtener un control total sobre la Tierra Santa.

Pero los británicos no se contentaron con hacer promesas al movimiento sionista, sino que también se las hicieron a los dirigentes árabes. El califa otomano (que ejerce su autoridad en los territorios árabes de Oriente Próximo y es el «comendador de los creyentes») se une en 1914 con Alemania y el imperio austrohúngaro. Incluso lanzó un llamamiento a la guerra santa contra los infieles. Como réplica, Londres suscita una revuelta de los árabes contra el imperio otomano, encabezada por un dirigente religioso, el jerife Hussein de La Meca. A cambio, Hussein obtiene el compromiso británico de apoyar la independencia de los árabes. Pero las promesas sólo comprometen a quienes creen en ellas... ¿Cómo, en efecto, conciliar la independencia árabe con la creación de un hogar nacional judío? La sublevación árabe se hará célebre en una versión muy deformada urdida por uno de los agentes británicos que desempeñaron en ella un papel crucial, Thomas E. Lawrence, llamado «Lawrence de Arabia». Este relato, *Los siete pilares de la sabiduría*, será llevado al cine por David Lynch, y Peter O'Toole encarnará a Lawrence.

Así pues, Francia y Gran Bretaña se reparten Oriente Próximo. Creada en 1920, la Sociedad de Naciones (SDN), la antepasada de las Naciones Unidas, sólo agrupa por entonces a algunas decenas de Estados, en su mayoría europeos. Instaura el sistema de los «mandatos», que su carta define así: «Algunas comunidades que en otro tiempo pertenecían al imperio otomano, han alcanzado tal grado de desarrollo que su existencia como naciones independientes puede reconocerse provisionalmente, a condición de que los consejos y la ayuda de un mandatario guíen su administración hasta el momento en que sean capaces de gobernarse por su cuenta.» De este modo, pueblos considerados «menores» tendrían necesidad de tutores para acceder un día, quizá, a su mayoría de edad...

El 24 de julio de 1922, la SDN concede a Gran Bretaña el mandato sobre Palestina. El texto estipula que la potencia mandataria será «responsable de la declaración originalmente formulada por el gobierno británico el 2 de noviembre de 1917 y adoptada por [las potencias aliadas] en favor del establecimiento de un hogar nacional para el pueblo judío». Los hijos del jerife Hussein, estrechamente controlados por Londres, se instalan en los tronos de Irak y de Transjordania (país creado por los británicos al este del Jordán), mientras que los territorios libanés y sirio caen en la escarcela de Francia. Egipto, formalmente independiente desde 1922, sigue bajo ocupación británica.

Todos los actores del drama palestino están en escena: la potencia dominante, Gran Bretaña, que desea mantener su control sobre una región estratégica, rica en petróleo, y cuyo papel económico y militar aumenta; el movimiento sionista, fortalecido por su primer gran éxito diplomático, que organiza la inmigración en Palestina; los árabes de Palestina, a los que todavía no se denomina «palestinos», que comienzan a movilizarse contra la declaración Balfour; y, por último, los países árabes, en su mayoría sometidos a la influencia británica, y que van a involucrarse gradualmente en los asuntos palestinos.

## ¿UNA TIERRA SIN PUEBLO?

¿Cómo es Palestina? ¿Es «una tierra sin pueblo para un pueblo sin tierra», como afirman los sionistas? Los más lúcidos de ellos adoptan una visión más realista. Entre ellos, un judío ruso, Asher Ginzberg, actualmente honrado en todas partes en Israel con el nombre de «Ahad Ha'am», viaja por primera vez a Palestina en 1891. Lleva un artículo premonitorio titulado «Verdad de la tierra de Israel». «Fuera de Israel solemos creer», escribe, «que la tierra de Israel es hoy casi totalmente desértica, árida e inculta, y que quien quiera comprar terrenos en ella puede hacerlo sin trabas. Pero la verdad es muy distinta. En todo el país, es difícil encontrar campos cultivables que no estén ya cultivados [...]. Solemos creer, fuera de Israel, que todos los árabes son unos salvajes del desierto, un pueblo que se asemeja a los asnos, que no ven ni comprenden lo que se hace a su alrededor. Pero esto es un gran error. El árabe, como todos los hijos de Sem, tiene una inteligencia aguda y astuta [...]. Si un día ocurriera que la vida de nuestro pueblo [los judíos] en el país de Israel se desarrollase hasta el punto de desplazar, aunque sólo fuese un poco, al pueblo del país, este último no cederá su lugar fácilmente.»

Porque es un hecho que la tierra de Palestina está habitada en su gran mayoría por árabes: 600.000 musulmanes y 70.000 cristianos (también viven en ella 80.000 judíos). Los campesinos –los *fellahs*– representan cerca del 60 % de la población activa y una tercera parte de ellos no posee propiedad alguna. Más de la mitad de las tierras pertenece a un número restringido de familias terratenientes (menos del 10 % de los propietarios), esencialmente musulmanes, que gozan de una influencia dominante en el mundo rural. También en las ciudades, pero las grandes familias desempeñan en ellas un papel igualmente activo. A pesar del oneroso pasado otomano –los últimos decenios de hegemonía turca estuvieron jalonados de incompetencia, corrupción y despotismo–, la región está económicamente viva. Conocida por sus agrios (sus naranjas son ya famosas en Europa), produce también trigo y otros cereales. Existe una industria manufacturera en desarrollo. Las clases medias se consolidan en las ciudades, que sin embargo siguen siendo de tamaño modesto, excepto Jerusalén, que cuenta con más de 50.000 habitantes. Hace decenios que las peregrinaciones alimentan una industria turística, en Jerusalén, por supuesto, pero asimismo en Belén y en Nazaret. Al principio de este siglo, la vida intelectual y política se halla en pleno auge y nace una prensa, en particular *Al Karmel,* en Haifa, y *Filastin*, en Jaffa.

En Palestina, la oposición al proyecto sionista se manifiesta incluso antes de la guerra. Se traduce en la práctica en el rechazo de esos «invasores» cuyas costumbres y estilo de vida son totalmente extraños y cuyo comportamiento se caracteriza a menudo por el racismo y el desprecio a los «bárbaros». Desde los años 1880, las compras de tierras a propietarios absentistas, que viven en Beirut o en Constantinopla, despiertan resistencias tanto más firmes cuanto que enseguida se consideran tentativas de desposesión.

La ocupación de Jerusalén por Gran Bretaña, el 9 de diciembre de 1917, el derrumbamiento del imperio otomano y la «revelación» de la promesa Balfour acentúan las inquietudes de los palestinos. Tras la instauración, en 1922, del mandato británico sobre Palestina y la «fijación» de las fronteras, en adelante llevan el combate al interior de la Palestina mandataria, y el movimiento nacional palestino, al menos hasta la gran rebelión de 1936-1939, deberá contar con sus propias fuerzas. Los palestinos reclaman «la formación de un gobierno nacional que sea responsable ante un parlamento elegido por todos los que residían en Palestina antes de la guerra, musulmanes, cristianos y judíos». Pero ya es demasiado tarde. El mandato británico se implanta, una página se abre.

## EL *YISHUV*: INMIGRACIÓN, COMPRA DE TIERRAS Y ORGANIZACIÓN POLÍTICA

Hasta 1939, Gran Bretaña favorece sin restricciones la instalación de judíos en Palestina y su organización autónoma. A partir de la conquista de Jerusalén en 1917, se implanta una administración independiente sionista al lado de la británica. El *Yishuv* (nombre dado a la comunidad judía asentada en Palestina) emprende su marcha hacia el Estado. El texto del mandato prevé la creación de una Agencia judía, interlocutora de la autoridad mandataria. Ésta será un verdadero gobierno en la sombra, que se dedicará en especial a acelerar la inmigración: como los británicos admiten que los sionistas sean los únicos competentes para elegir a los candidatos, las formalidades se realizarán en los locales que el movimiento sionista tiene en todo el mundo, y no en los consulados británicos.

¿Quiénes son esos inmigrantes? En su mayor parte, llegan de Rusia y de Europa central, huyendo de los pogromos. Aleccionados por militantes convencidos, confían en labrarse una vida nueva. Sin embargo, las cifras de la inmigración, por lo menos hasta la llegada al poder de Hitler, en 1933, ilustran las dificultades del movimiento sionista para movilizar a las masas judías. «El año próximo en Jerusalén»: este lema representa más un encantamiento religioso que una consigna política. Entre 1919 y 1923, la inmigración apenas suma 35.000 personas. Se acelera un poco en 1924-1925, fecha del comienzo de una política antijudía en Polonia, y sobre todo de la adopción por parte de los Estados Unidos de medidas que restringen la inmigración, y disminuye a causa de la crisis económica en Palestina. En 1927, hay incluso más emigrantes judíos de Palestina que inmigrantes. En 1928, 155.000 judíos se afincan en el país, mientras que, entre 1850 y 1927, el número de judíos en los Estados Unidos pasa de 250.000 a... 4 millones. Cuando les dejan elegir libremente, la gran mayoría de los judíos de Rusia y del Este prefieren, como los irlandeses o los italianos, el Nuevo Mundo a la Tierra Santa.

A través del Fondo Nacional judío, la compra de tierras es uno de los objetivos –y uno de los medios– esenciales del movimiento sionista. Como señala en 1925 un memorándum del Fondo, no se puede hablar en Palestina de una «colonización en tierra virgen», puesto que ya existen campesinos autóctonos; tampoco se puede «expropiar a éstos por los procedimientos sumarios empleados en las colonias de conquista», como en Argelia. Los terrenos adquiridos son retrocedidos a particulares, pero siguen siendo «propiedad inalienable del pueblo judío». Se fomenta el trabajo exclusivamente judío, los *fellahs* son expulsados. Se crean colonias agrícolas y se instauran los famosos *kibbutzs*, el primero en 1910, en Degania. En 1920 se funda la Haganá, una organización de milicias judías, el embrión del futuro ejército israelí.

El *Yishuv* impone la lengua hebrea, en detrimento del yiddish que habla la mayoría de los emigrados de Europa del Este, y se organiza políticamente. A partir de 1920, los británicos autorizan la elección de una especie de parlamento, dotado de su propio ejecutivo, el *Vaad Leumi* (Consejo Nacional). Mientras que en los años veinte el centro de decisión sigue estando en el exterior, a comienzos del decenio de los treinta pasa a manos del *Yishuv*. Todas estas instituciones, bien organizadas, gozan del apoyo de la potencia colonial. Casi de una forma «natural», en 1948 se transformarán en un Estado moderno y eficaz.

La corriente socialista no cesa de progresar en las elecciones (más del 40 % de los votos en los años treinta), y su dirigente, David Ben Gurión, se convierte en presidente de la Agencia judía en 1935. Zeev Jabotinsky funda una oposición en 1925. Se le denomina «revisionista» porque ha pedido que se revise el mandato para incluir las dos orillas del río Jordán, es decir, que los judíos tengan el derecho de dominar también en Transjordania. ¿En qué se distinguen las corrientes socialista y revisionista? Más allá de las tesis antagonistas sobre la cuestión social y de divergencias importantes en materia de táctica –la primera, más pragmática, preconiza un entendimiento con Gran Bretaña–, los socialistas aceptan el principio del reparto de Palestina, mientras que los revisionistas sostienen que la tierra es «inalienable» y reivindican también, más abiertamente, la expulsión de los palestinos.

Frente al *Yishuv*, los palestinos no disponen de muchas bazas, aparte de su número. Pero, al revés de lo que sucede en otras colonias, la inmigración va a privarles poco a poco de esta única ventaja. La unidad de los palestinos en rechazar el mandato y la promesa Balfour no dura mucho. Los británicos atizan las disensiones entre las grandes familias palestinas, en especial los Nashashibi, más cercanos a ellos, y los Husseini: Amín El Husseini llegará a ser el gran muftí de Jerusalén. Estas contradicciones cristalizan en la fragmentación de las estructuras unitarias palestinas y en una parálisis estratégica. Por un lado, las organizaciones palestinas rechazan las propuestas de la potencia mandataria de formar una asamblea que no reflejase los equilibrios demográficos; rechazan asimismo la creación de una Agencia árabe (similar a la Agencia judía) que significaría legitimar el derecho político de los judíos sobre Palestina. Por el otro, no llegan a entenderse sobre una orientación, vacilan en enfrentarse directamente con la política llena de duplicidad de Gran Bretaña, se extravían. Pero ¿cómo podría ser de otra manera en los arcanos de la diplomacia internacional dominados por los occidentales? Sin embargo, la frustración de las muchedumbres palestinas se expresa en revueltas, una mezcla de motines campesinos, de pogromos y de golpes de mano asestados contra los británicos, como los que estallan en agosto de 1929 en Jerusalén, y motivados, ya, por el control de los lugares santos. Se extienden por el país, en particular a Hebrón, donde cerca de ochenta judíos son masacrados en condiciones atroces. Pero durante ese pogromo, como recuerda el historiador israelí Tom Segev, numerosos judíos son salvados por musulmanes: «La historia judía», observa, «contiene pocos hechos de salvación colectiva de este género.»

Sin embargo, un foso separa a los «autóctonos» y a los «colonos». Los árabes ven el desembarco de inmigrantes armados de un proyecto político coherente como una amenaza contra su propia existencia. Esos «extranjeros» les expulsan de sus tierras y quieren crear en ellas un Estado judío. Para los inmigrantes judíos, a menudo convencidos de que arriban a una tierra «sin pueblo», los árabes son, en el mejor de los casos, «salvajes» al margen de la civilización. Tras haber huido de los pogromos, consideran que sus ataques son la continuación de las persecuciones que han sufrido en el viejo continente.

UNA LARGA REBELIÓN (1936-1939)

La inmigración acelerada a raíz del ascenso de Hitler al poder radicaliza las oposiciones. En este contexto estalla la gran rebelión de 1936-1939, que coincide con el desarrollo del movimiento nacionalista antibritánico y antifrancés en el mundo árabe. Un hombre prefigura esta rebelión: hijo de campesino, musulmán convencido, predicador de una mezquita de Haifa, se llama Ezedine Al Qasam. Condena las violencias ciegas de 1929, pero prepara la lucha armada. «Obedeced a Dios y a su profeta, pero no al alto comisario británico», predica. Sus exequias (lo matan en 1935, cuando ya se ha lanzado al maquis) dan lugar a grandes manifestaciones. «Somos los nietos de Qassam», proclama uno de los primeros comunicados de la revuelta de piedras que estalla en Pales-

41

tina en diciembre de 1987. Continuidad de la historia...

En 1936 se crea el Alto Comité árabe, que por primera vez engloba al conjunto de tendencias y partidos palestinos. Lo presidirá Amín El Husseini. El 15 de abril de 1936, el país emprende una huelga general. Los rebeldes reivindican en especial el cese de la inmigración judía. Desobediencia civil, negativa a pagar el impuesto, las manifestaciones acompasan el movimiento, al tiempo que se multiplican las acciones de guerrilla. La huelga dura ciento setenta días. Chaim Weizmann, presidente de la Organización Sionista desde 1920 y futuro primer presidente de Israel, escribe: «De un lado se desarrollan las fuerzas de la destrucción, las fuerzas del desierto; del otro aguantan a pie firme las fuerzas de la civilización, las constructivas. Es la vieja guerra del desierto contra la civilización, pero no cederemos.» La civilización contra la barbarie, la vieja cantinela del colonialismo...

El movimiento se detiene a causa de un llamamiento común de los soberanos de Arabia Saudí, de Transjordania y de Irak «a confiar en las buenas intenciones de nuestro amigo, Gran Bretaña». Londres envía in situ a una comisión de investigación que, el 7 de julio de 1937, entrega su informe, conocido con el nombre de «informe Peel». El texto propone la partición de Palestina en dos Estados, uno judío y otro árabe, y que ambos accedan a la independencia, pero Jerusalén y su región quedarían sometidas a mandato británico. Aconseja también, por primera vez, un intercambio de población que permita la homogeneidad de cada una de las dos entidades: 225.000 árabes pasarán de la entidad judía a la entidad árabe, ¡mientras que 1.250 judíos harán el trayecto inverso! Si los árabes no aceptan esta «generosa propuesta», les será impuesta...

Indignados, los palestinos reanudan su movimiento a partir del mes de septiembre de 1937. Esta vez se trata de un auténtico levantamiento popular armado, con centenares de grupos que realizan acciones a la vez contra las fuerzas británicas y contra las colonias judías. Pese a la falta de dirección centralizada, a pesar de las divisiones, no obstante el pobre armamento, la resistencia continuará hasta 1939 y movilizará a varios miles de soldados de Su Majestad. Hasta después de octubre de 1938 y los acuerdos de Munich, que alejan durante un tiempo la amenaza de una guerra en Europa, Londres no puede enviar tropas suficientes para someter a los insurrectos. Esta rebelión ejercerá una influencia duradera sobre las tres partes enfrentadas, los palestinos, los judíos y los británicos.

El balance es trágico en las filas árabes: de 3.000 a 6.000 muertos y miles de detenidos y deportados: en 1939 son 9.000 los prisioneros. Entre 1936 y 1940, 2.000 casas son destruidas por las autoridades, una práctica que a partir de 1967 imitará el gobierno israelí en los territorios ocupados. Los palestinos se ven privados de toda dirección. Los odios y los rencores nacidos de los enfrentamientos internos perdurarán durante muchos años. Para lo mejor, pero con más frecuencia para lo peor, los países árabes asumirán la reivindicación palestina, haciendo prevalecer sus propios intereses sobre los de la población local.

En el bando de los colonos judíos, la revuelta refuerza, paradójicamente, la infraestructura edificada en Palestina y los fundamentos ya bien establecidos del Estado en gestación. Provoca que se estreche la colaboración entre la Agencia judía y los británicos. Se recluta a miles de policías judíos. Se produce una consolidación de la Haganá y la creación de nuevas unidades armadas y más móviles, en ocasiones entrenadas por oficiales británicos. Se abren fábricas de armamento clandestinas. Aunque frenada, la inmigración continúa, y durante esos tres años de «disturbios» llegan 50.000 inmigrantes más. Por otra parte, y por primera vez, grupos sionistas recurren al arma del terrorismo ciego. El Irgún, la organización militar que depende del movimiento «revisionista», pasa a la acción el 11 de noviembre de 1937, haciendo explotar bombas en lugares públicos. El 6 de julio de 1938, en Haifa, una bomba mata a 21 personas en el mercado árabe; el 25 de julio de 1938, otra bomba causa alrededor de cuarenta muertos.

EL LIBRO BLANCO

Por último, Gran Bretaña modifica su estrategia. La guerra con Alemania, inevitable, será larga y global. Es, pues, absolutamente preciso asegurar los cimientos del imperio en Oriente Próximo, donde se infiltra una perniciosa propaganda nazi antibritánica,

44

apoyada en la convicción de que «los enemigos de mis enemigos son mis amigos». Persuadida de que puede contar con el respaldo judío contra Hitler, Londres decide obtener el de los árabes aprobando, el 17 de mayo de 1939, un Libro Blanco que define su nueva política: «La declaración Balfour», se lee en el Libro, «no podía en ningún caso significar que Palestina se transformase en un Estado judío, contra la voluntad de la población árabe.» Por otra parte, los compromisos contraídos por los británicos durante la Primera Guerra Mundial no pueden «brindar una base justa a la reivindicación en pro de una Palestina trasformada en un Estado árabe». Por tanto, hay que prever, de aquí a cinco años, el establecimiento de un Estado palestino independiente, «en el cual los árabes y los judíos compartirán la autoridad en el gobierno de tal modo que se salvaguarden los intereses esenciales de ambos.» Más importante es que la inmigración se mantendrá durante cinco años a un nivel que llevará a la población judía a representar la tercera parte de la población total (es decir, alrededor de unas 75.000 personas adicionales), y posteriormente sólo será autorizada con la conformidad de los árabes de Palestina. Por último, el alto comisario británico recibe todos los poderes para regular las transferencias de tierra, esto es, para limitar su adquisición por parte de los judíos. Victoria parcial para los palestinos, pero el muftí Amín El Husseini rechaza el Libro Blanco, demostrando una vez más su débil sentido político. En cambio, este texto desencadena una protesta generalizada de las organizaciones sionistas, cuyos miembros más extremistas propugnan a partir de entonces la lucha armada contra el «colonialismo británico». Pero la Agencia judía no tiene más alternativa que declarar su apoyo a Londres en el conflicto que se entabla. La guerra, declara la Agencia el 3 de septiembre de 1939, es nuestra guerra y queremos la victoria del imperio británico. Comienza una ordalía terrible para la humanidad y para los judíos.

# III. DEL JUDAÍSMO AL SIONISMO

Hagamos un alto en este repaso de la historia. En el capítulo anterior ya he hablado de los judíos y del comienzo del movimiento sionista. Para seguir adelante, es preciso responder a dos preguntas simples, al menos en apariencia. ¿Qué designa el término «judío»? Y, la segunda, ¿los judíos forman una nación?

## ¿QUIÉN ES JUDÍO?

El 5 de julio de 1950, el Parlamento israelí aprobó la «ley del regreso». Estipulaba que «todo judío tiene el derecho de inmigrar al país». David Ben Gurión, el primer ministro, comentaba: «No es el Estado el que concede a los judíos del extranjero el derecho a instalarse, sino que todo judío posee ese derecho en la medida en que es judío.» Pero ¿cómo «medir» la «judeidad»? Hay que esperar a 1970 para que el Tribunal Supremo proponga una definición: es judío el que ha nacido de una madre judía, o se ha convertido al judaísmo y no pertenece a otra religión. Este decreto no zanja las controversias: las conversiones plantean un problema, pues las efectuadas por los rabinos conservadores o liberales no son reconocidas por el rabinato ortodoxo de Israel. Por otra parte, ¿dónde colocar a los ateos? ¿Y cómo se define a una «madre judía»? Una humorada afirma que, para convertirse en una madre judía, no es necesario ser madre ni ser judía... Más en serio, sabemos que, de los centenares de miles de antiguos ciudadanos de la Unión Soviética afincados en Israel desde los años ochenta, aproximadamente una tercera parte no mantiene la menor relación con el judaísmo. De nacionalidad israelí, sirven, sin embargo, en el ejército, aun cuando el rabinato puede, como en el caso del atentado contra la discoteca de Tel Aviv (junio de 2001), denegar a algunos de esos «judíos dudosos» el entierro en «Tierra Santa».

Los antisemitas no han sido más afortunados en su tentativa de definir la judeidad. En septiembre de 1935, los nazis adoptan las leyes de Nuremberg, expresión de su visión radical y delirante de la humanidad. Esas leyes definen como judíos a aquellos cuyos tres o cuatro abuelos son judíos. Se designa como «judíos mestizos» de primer grado a quienes tienen dos abuelos de sangre alemana y dos de sangre judía; si pertenecen a la religión judía o están integrados en la comunidad judía, en especial mediante matrimonio, son considerados judíos. Los mestizos de segundo grado tienen tres abuelos alemanes y uno de sangre judía; pueden convertirse en ciudadanos del Reich. Pero ¿cómo detectar la «sangre judía»? En la práctica, los nazis, adeptos de las teorías raciales, oscilan en su busca de «signos distintivos»: a menudo dan la primacía a una determinación religiosa, a veces tienen en cuenta la circuncisión, otras veces el nombre, etc. La «versión francesa» de esta ley (estatuto de los judíos, del 3 de octubre de 1940) afirma que son de «raza judía» los que han «pertenecido a la religión judía».

Hannah Arendt, filósofa alemana, judía ella misma, traza en una carta dirigida en 1961 a su marido un paralelismo devastador –que, por lo demás, la malquista con algunos de sus amigos israelíes– entre las leyes de Nuremberg y las del «Estado judío». Refiere una cena con Golda Meir, ministra israelí de Asuntos Exteriores: «Nos peleamos hasta la una de la mañana [...]. En el fondo, sobre todo, por la cuestión de la Constitución, de la separación de la Iglesia y el Estado, de los matrimonios mixtos o más exactamente de esas leyes de Nuremberg que existen actualmente y que en parte son realmente monstruosas.» Del peligro de trazar una línea divisoria entre los judíos y los otros, de hacer de los judíos una entidad aparte...

Mientras escribía estas líneas me enteré de la muerte de un amigo muy querido: Chehata Haroun. Era egipcio y judío. Muy joven, en los años cuarenta, este abogado se había sumado a la lucha comunista. Se negó obstinadamente a emigrar a Israel o a Europa, como hicieron casi todos sus correligionarios. Sobre su tumba se leen estas líneas que él había redactado: «Cada ser humano tiene varias identidades. Soy un ser humano. Soy egipcio cuando oprimen a los egipcios. Soy negro cuando oprimen a los negros. Soy judío cuando oprimen a los judíos y soy palestino cuando oprimen a los palestinos.» Repudiaba cualquier pertenencia «estrecha», toda asignación a una identidad fijada, excluyente. Libró en su país un combate rudo, a veces doloroso. Fue detenido en varias ocasiones como militante comunista, pero también como judío y, «por tanto», como agente potencial de Israel. Incluso algunas veces despertó la desconfianza de algunos de sus camaradas de izquierda, incapaces de distinguir entre «judío» y «sionista».

De modo que cuidémonos mucho de las clasificaciones y de las lógicas filosóficas que las nutren. Maxime Rodinson, orientalista eminente, ha intentado iluminar las tinieblas del oscurantismo en la introducción a su obra *Peuple juif ou Problème juif?* Describe a los cuatro grupos que engloba el término «judío». En principio, los fieles de una religión claramente definida: se dice «judío» como se dice «musulmán» o «cristiano». Un segundo grupo lo constituyen los descendientes de los miembros de esta religión, que son ahora ateos o deístas, pero que se consideran pertenecientes a una especie de «comunidad étnico-nacional», incluso a un pueblo. La tercera categoría la forman los que han rechazado los lazos tanto religiosos como comunitarios, pero a quienes los demás consideran judíos, al menos en determinados momentos. La última categoría, la más insólita, es aquella a la que el escritor Roger Peyrefitte bautizaba bellamente como «judíos desconocidos», personas cuya ascendencia judía ignoran los demás y ellos mismos.

## ¿QUÉ ES UNA NACIÓN?

Los judíos forman, por consiguiente, un conjunto heterogéneo que no se deja captar fácilmente. Difieren en parte del conjunto «cristiano» o «musulmán», y no sólo porque fueron por doquier minoritarios (volveré sobre este punto). ¿Forman por eso una nación? Para el movimiento sionista, la respuesta es evidente: los judíos no son asimilables por los pueblos entre los cuales viven, desde hace dos mil años aspiraban a regresar a Palestina, de donde fueron expulsados. ¿Por qué, entonces, esta ambición no se ha manifestado en términos políticos antes del siglo XX? El sionismo elude la pregunta, que posee, sin embargo, el mérito de inscribir a los judíos en la historia concreta y no en el cielo de las ideas.

Durante la Edad Media, el término «nación» se comprende a partir de su etimología, *nasci*, «nacer»: una nación es un conjunto de individuos nacidos en un mismo lugar y a los que se atribuye un origen común. Esta palabra, explica la historiadora Suzanne Citron, «podía también designar una comunidad de religión. Hasta la Revolución, en Francia se hablaba de la "nación judía". [...] La lengua, la religión son, entre otros, elementos de la identidad colectiva que los antropólogos designan hoy con el nombre de "cultura". La "nación" en el sentido antiguo era, pues,

51

ante todo cultural». Esta dimensión étnico-religiosa subsiste aún en Europa del Este y balcánica o en Oriente Próximo.

La Revolución Francesa señala la emergencia de la nación moderna, basada en un conjunto de datos permanentes y estables en el curso de los siglos: comunidad de territorio, de lengua, de historia, de cultura. Ernest Renan, uno de los intelectuales más brillantes de la III República, en una célebre conferencia pronunciada en la Sorbona el 26 de marzo de 1882, y titulada «¿Qué es una nación?», respondía: «Una nación es un alma, un principio espiritual. Es el resultado de un largo pasado de esfuerzos, de sacrificios y de abnegación; tener glorias comunes en el pasado, una voluntad común en el presente, haber hecho grandes cosas juntos, querer seguir haciéndolas, he aquí las condiciones esenciales para ser un pueblo.» Esta voluntad común se expresa mediante la participación política de los ciudadanos en un marco único, el Estado.

Ningún criterio científico permite establecer si una comunidad de personas forma o no una nación. ¿Qué decir de los corsos? ¿O de los bretones? ¿O de los vascos? No sabemos definir bien una nación, observa el historiador inglés Eric Hobsbawm, pero sabemos localizar los movimientos nacionalistas. Algunos de estos movimientos triunfan, otros fracasan. En el primer caso, la nación se consolida en torno al Estado; en el segundo, se disuelve, se integra en el conjunto dominante, o en ocasiones resiste, como en el caso curdo.

Porque, la mayoría de las veces, la nación ha necesitado al Estado para realizarse plenamente, ese Estado que unifica el mercado nacional, erradica los particularismos, garantiza la lealtad de sus ciudadanos. Para consolidar un consentimiento de los ciudadanos, muchas veces frágil al principio, el Estado impone también una «historia oficial» que se remonta a los «orígenes». Vercingetórix fue «inventado» por la III República en busca de legitimación; la Rumania de Nicolae Ceausescu se pretendía descendiente de los dacios, una tribu indoeuropea; dirigentes de la ex Yugoslavia han recubierto sus ambiciones locas con mitos históricos a menudo grotescos. A pesar de las pretensiones de eternidad, las naciones son, repitámoslo, creaciones modernas, cuya prehistoria es con más frecuencia inventada que real.

¿Existe, pues, un conjunto judío coherente que haya atravesado la Historia? ¿Hay una relación entre los judíos del reino de Salomón en el siglo X antes de Cristo, los de Palestina en tiempos del imperio romano, los de los guetos del imperio zarista y los de Israel de hoy? Los judíos, a lo largo de los últimos milenios, no han estado unidos ni por el territorio ni por la lengua —la mayoría han adoptado el habla local, y el hebreo se usaba únicamente en las ceremonias religiosas— ni por la historia —las trayectorias de los judíos en Marruecos o en Francia no son en absoluto paralelas— ni por las costumbres: los judíos han abrazado los hábitos locales (en Irán, hasta la fecha presente, se descalzan al entrar en las sinagogas). Por el contrario, en Europa del Este y en Rusia, en los siglos XVIII y XIX, han adquirido, como veremos, características casi nacionales.

## LOS HEBREOS: LEYENDA E HISTORIA

En el origen de la historia judía está la Biblia –para los cristianos el Antiguo Testamento–, uno de los textos más sagrados de la humanidad. Narra la leyenda de los hebreos y de su antepasado, Abraham, un pastor nómada de Mesopotamia.

«Dijo Yavé a Abraham: Vete de tu tierra, y de tu patria, y de la casa de tu padre, a la tierra que yo te mostraré. De ti haré una nación grande y te bendeciré» (Génesis). Abraham se afinca en Siquem, una localidad que hoy se conoce por el nombre de Naplusa. Luego los hebreos son conducidos a Egipto, donde los reducen a esclavos. Moisés, salvado de las aguas por la hija del faraón y príncipe de Egipto, los libera de su yugo. Huyen alrededor del siglo XIV antes de Cristo, vagan por el Sinaí y aquí Moisés recibe de Dios los diez mandamientos. Algunos estudios pretenden –como, por otra parte, hace Sigmund Freud en varios de sus textos sobre Moisés– que sus partidarios no eran sino fieles de Ajnatón, el faraón que instauró el culto de Atón, el dios único. Se advierte una similitud entre el himno de Ajnatón al dios Sol y el salmo 104 de la Biblia, que comienza así: «¡Alma mía, bendice a Yavé!», ya que los dos textos describen los beneficios de la divinidad.

Tras haber errado por el desierto, los hebreos se

54

asientan en Palestina, la tierra prometida por Dios. Se crean reinos, en especial los de Saúl, David y Salomón, alrededor del siglo X a. de C. En la nueva capital, Jerusalén, se erige el Templo, un santuario majestuoso construido a la gloria de Dios. En el año 597 a. de C., Nabucodonosor, rey de Babilonia, conquista la ciudad y destruye el Templo; numerosos judíos son capturados y reducidos a la esclavitud antes de ser autorizados, en 537, bajo el reinado de Ciro, a regresar y reconstruir el Templo. Hasta aquí, nos zambullimos profundamente en la leyenda, aun cuando siga siendo «palabra sagrada» en la enseñanza en Israel. Según uno de los más eminentes arqueólogos israelíes, Israel Finkelstein, «los hebreos nunca estuvieron en Egipto, no erraron por el desierto, no conquistaron la Tierra Prometida. Los reinos de David y de Salomón descritos en la Biblia como potencias regionales no eran más que pequeños reinos tribales».

Los romanos conquistaron Palestina en el siglo I a. de C. En el 70 d. de C., el propio Tito organiza una campaña para sofocar la rebelión de los judíos contra Roma y se apodera de Jerusalén. Intenta oponerse a la destrucción del Templo pero sus órdenes no son obedecidas, como atestigua Flavio Josefo, historiador judío que acompañó a Tito, en *La guerra de los judíos:* «Ni la exhortación ni la amenaza refrenaban el ímpetu de las legiones que avanzaban; a todos les guiaba tan sólo la cólera.» A raíz de otra sublevación sofocada por Adriano, sesenta años más tarde, Jerusalén es prohibida a los judíos, que sin embargo no son expulsados de Palestina; su exilio, su diáspora, comenzó mucho antes. A partir del siglo I a. de C. se les encuentra en todas las factorías del Mediterráneo occidental. Constituyen un tercio de la población de Alejandría. Muchas de esas comunidades desaparecerán en el curso de la historia, fundiéndose con las poblaciones locales.

El triunfo del cristianismo –que en su origen era una simple facción judía–, y luego la conversión del emperador y, por ende, del imperio romano, inauguran una era distinta. Los judíos son minoritarios en todas partes, salvo en el Cáucaso y el Volga, en el imperio de los jázaros, pueblo de origen incierto cuya clase dirigente abraza el judaísmo en el siglo VIII o IX.

La situación de los judíos varía a lo largo de los siglos, según el país, las circunstancias y las alianzas; también la judeofobia: no es ni permanente ni universal. En Europa, hasta el siglo XI, viven en medio de la población, sin que les segreguen y sin que tengan asignada una profesión determinada. Sólo a partir de las cruzadas les son gradualmente prohibidos un determinado número de oficios, así como la posesión de tierras. Algunos se dedican al préstamo de dinero y al comercio internacional, favorecido por los contactos entre miembros de la diáspora. Esta especialización en cometidos que pueden atizar odios y codicias hace de ellos chivos expiatorios cómodos para los gobernantes. La afirmación de un fundamentalismo religioso católico excita a los perseguidores. A partir de 1492, tras la reconquista de los reinos musulmanes de España, los judíos son expulsados de la Península Ibérica.

Muchos de ellos encuentran refugio en el imperio otomano, sobre todo en Constantinopla.

El islam, en efecto, es a menudo más tolerante con ellos. Pero no siempre: los poderes musulmanes pueden también, en época de disturbios, convertirles en chivos expiatorios, como ocurrió en Granada en 1066 o en Marruecos en 1790. El Corán contiene numerosas referencias a los judíos. Se refieren a las alianzas que el profeta Mahoma, exiliado en Medina, concierta con las tribus árabes judías (sí, existen árabes judíos) de la ciudad. Al principio favorables, estas menciones cobran un sentido más negativo a medida que Mahoma afianza su poder y entra en oposición con esas tribus, que se niegan a convertirse a la nueva fe. Según los períodos, las autoridades musulmanas se sirven de la interpretación abierta o cerrada de los textos sagrados. Pero en conjunto, por lo menos hasta el siglo XVIII, el balance es mucho más positivo que el de los imperios cristianos.

¿Por qué estas «entidades judías» muy diversas resisten durante siglos? ¿Por qué la mayoría de los judíos no es asimilada por la sociedad dominante? Maxime Rodinson insiste en la importancia del «carácter pluralista de esas sociedades, [en] la insuficiencia de fuerzas unificadoras, [en] la falta de verdadera incitación por parte de la ideología preponderante en el Estado a llevar el totalitarismo hasta la destrucción de las ideologías rivales». Sobre todo si esas minorías no suponen, como el protestantismo en Francia en el siglo XVI, una amenaza política contra el poder instituido. El relativo quietismo judío obra, pues, en favor del mantenimiento del grupo. Hasta la creación del Estado-nación moderno perduran numerosos particularismos, tanto regionales como lingüísticos o religiosos.

La Revolución Francesa va a volver las tornas. La unificación de las naciones se acelera gracias a la creación de un Estado fuerte y una economía integrada y a la afirmación de un nacionalismo moderno. En adelante, cuando menos en Europa occidental, las «comunidades», ya sean religiosas o regionales, tienden a disolverse, a perder sus características, cosa que no sucede, hasta nuestros días, en el mundo musulmán, donde el individuo se define por su pertenencia a una comunidad religiosa. La emancipación de los judíos franceses por la Asamblea Constituyente, el 27 de septiembre de 1791, favorece esta evolución. «Francia es nuestra Palestina», escribe uno de ellos, «sus montañas son nuestra Sión, sus ríos son nuestro Jordán. Bebamos el agua de sus manantiales, es el agua de la libertad.» Persiste, sin embargo, una hostilidad católica contra el pueblo «deicida» (el que habría crucificado a Jesucristo).

EL SIGLO XIX INVENTA LAS «RAZAS»

La tendencia a la asimilación se verá contradicha por la aparición de una nueva forma de animosidad contra los judíos, el antisemitismo (el vocablo se acuña en 1873), y por el desarrollo paralelo del movimiento sionista. En el siglo XIX, nutrirá esta hostilidad la invención de una nueva «ciencia», la de las «razas». Un frenesí de «clasificación» de los pueblos se adueña del mundo científico e intelectual; y quien dice clasificación dice a menudo jerarquización. Sirve de justificación a la aventura colonial y a la «necesaria» dominación de los blancos. Jules Ferry explicaba en 1885: «Repito que para las razas superiores existe un derecho porque para ellas existe un deber. Tienen el derecho de civilizar a las razas inferiores.» Hasta los años treinta, en la Francia republicana y en Europa, los zoológicos humanos son una atracción apreciada: en ellos se exhibe a tribus primitivas. Los buenos ciudadanos acuden para descubrir lo que la gran prensa califica a la sazón de «hatajo de animales exóticos, acompañados de individuos no menos singulares». Entre 1877 y 1912, una treintena de «exhibiciones etnológicas» de esta índole se celebran en el Jardín Zoológico de Aclimatación de París, con un constante éxito.

Los judíos serán víctimas de las mismas doctrinas, de la misma ciencia de las «razas»: así, los arios y los semitas formarían dos grupos de pueblos que habrían constituido el origen de la civilización y librarían desde entonces una lucha feroz. En esta visión se apoya el antisemitismo, aunque arraiga asimismo en el rebrote de nacionalismo que barre Europa en este fin del siglo XIX y va acompañado de una hostilidad creciente hacia los «extranjeros», tanto del exterior como del interior. El antisemitismo, observa el historiador Henry Laurens, se adhiere al «antijudaísmo tradicional [...], el malestar de los cristianos ante

59

la afirmación de la sociedad laica, la emergencia de los nacionalismos y la generalización de la interpretación racial de la Historia». En Europa occidental, este movimiento coincide con los pogromos antisemitas provocados por el poder en la Rusia zarista desde 1881.

Considerar a los judíos como un poder en la sombra, omnipotente y riquísimo –los «banqueros judíos» ocultan la gran pobreza de las masas judías que, sobre todo en Europa del Este, viven en una miseria indescriptible– fomenta también el antisemitismo. Numerosos responsables políticos comparten esta visión. Fue popularizada gracias a un texto célebre titulado *Los protocolos de los sabios de Sión*, que se compone en particular de actas de las decisiones tomadas por un supuesto congreso judío para asegurarse el control del mundo. Este texto apócrifo fue confeccionado por la policía política zarista en 1903, pero en la actualidad sigue siendo difundido y tomado en serio por algunas personas.


THEODOR HERZL Y EL SIONISMO

El sionismo político surge en la segunda mitad del siglo XIX como respuesta a esta nueva forma de judeofobia. Se inscribe en la aparición de los movimientos nacionalistas modernos que estremecen a Europa del Este en su conjunto y a los imperios zarista, otomano y austrohúngaro; búlgaros y serbios, húngaros y polacos, ucranianos y estonios, en todas partes las élites aspiran a crear Estados-nación conforme al modelo del Oeste europeo.

El movimiento sionista toma su nombre de Sión, colina de Jerusalén. Es el símbolo del «retorno» a la Tierra Prometida. Desde siempre, judíos religiosos han ido en peregrinación a Jerusalén, algunos para morir allí. Pero el proyecto del sionismo es distinto: dar a los judíos del mundo un centro espiritual y además un Estado. Son los Amantes de Sión los que organizan, a partir de 1881, la primera ola de inmigración moderna, el *alya*, la «subida» hacia Palestina. Hasta 1903, reúne de 20.000 a 30.000 personas. El relevo lo toma el sionismo político, que preconiza la creación de un Estado judío. Se alimenta de dos ubres. Por una parte, los pogromos antijudíos se multiplican en el imperio zarista entre 1881 y 1884, a raíz del asesinato del zar Alejandro II. Este atentado sirve de justificación para aprobar leyes antijudías: *numerus clausus* en las universidades, restricción de la libertad de circulación, expulsiones de judíos de Moscú, integración forzosa en el ejército desde la infancia hasta la edad adulta, etc. Por otro lado, en Francia, hacia 1890, el caso Dreyfus desata una ola antisemita que alcanza a un joven periodista llamado Theodor Herzl (1860-1904). Nacido en Budapest, habla perfectamente alemán y francés y se ha criado en una familia austriaca judía integrada. Cubre el proceso del capitán como corresponsal del diario austriaco *Neue Freie Presse*. Trastornado por el antisemitismo persistente en la República, publica, en 1896, *El Estado de los judíos*.

Sostiene que los judíos forman un pueblo y necesitan, por lo tanto, un Estado; algunos allegados de Herzl abogan por su creación en Uganda o en Argentina. Sobre todo, prosigue, porque el antisemitismo es «eterno», con independencia de las fluctuaciones de la historia. ¿La asimilación? «Nuestra personalidad nacional es históricamente demasiado célebre y su valor todavía demasiado alto [...] para que su desaparición sea deseable», responde Herzl. Como esta opción es una engañifa, los judíos deben volver a ser un pueblo «normal» y en consecuencia habitar en un territorio, en este caso Palestina. El primer congreso sionista tiene lugar en Basilea el 29 de agosto de 1897. Al término de la reunión, Herzl escribe estas frases premonitorias: «Si tuviera que resumir en una palabra el Congreso de Basilea, sería la siguiente: en Basilea, he fundado el Estado judío [...]. Todo el mundo lo sabrá, quizá, dentro de cinco años, y sin duda dentro de cincuenta años.» Sólo se equivocaba en un año: el Estado de Israel nacerá el 15 de mayo de 1948.

En Rusia, la nueva oleada de pogromos de 1903-1906 coincide con la revolución de 1905. Uno de ellos, en Kichinev, en abril de 1903, suscita una intensa indignación internacional: mueren en total 49 personas; comparada con las matanzas que seguirán, estamos todavía en el estadio artesanal. Estas persecuciones alimentan el segundo *alya*. En lo sucesivo, el movimiento sionista tiene el viento de popa, sobre todo en el Este, allí donde los judíos se acercan más a lo que cabe denominar una «comunidad nacional étnico-religiosa». Obligados a residir, en Rusia, a comienzos del siglo XVIII, en alrededor de un millón de kilómetros cuadrados, desde el mar Báltico al mar Negro, entra Yalta y Vilna –y en las riberas occidentales y meridionales de esta zona, en Galitzia, en Bukovina y en Rumanía–, hablan la misma lengua (el yiddish) y comparten la misma religión y lo que entonces se designa como una «comunidad de destino». Al finalizar la Primera Guerra Mundial, se encuentran repartidos entre diferentes Estados-nación en germen: Polonia, Rumania, Estados bálticos, etc. ¿Una nacionalidad como las demás?, se pregunta el historiador Pierre Vidal-Naquet. «Su dimensión transestatal la protegía de las ventajas y los inconvenientes de las estructuras del Estado nacional», responde. La creación en el Este de Estados-nación que los excluyen, así como a los cíngaros, confirma el hecho de que los judíos se hallan «a la vez *en* las naciones y *fuera* de las naciones». Esta dimensión confiere al conjunto judío europeo características singulares, y explica en especial su compromiso con los movimientos internacionalistas.

El sionismo, en efecto, no ha sido más que una de las respuestas posibles, durante largo tiempo muy minoritaria, a la «cuestión judía». A fines del siglo XIX y antes de la Primera Guerra Mundial, la gran mayoría de los judíos de Europa central y de Rusia «votan con los pies», emigrando masivamente al Oeste y sobre todo a Estados Unidos, la tierra prometida de tantos desheredados... Otros, numerosos, apuestan por la integración. A partir de 1880, y a pesar del antisemitismo, el número de matrimonios mixtos entre los judíos alemanes aumenta sin cesar: entre 1901 y 1929, la proporción pasa del 16,9 % al 59 %. También en Francia esta «asimilación» se acelera. La participación activa de los judíos en los movimientos revolucionarios transnacionales, en particular socialistas y comunistas, que propugnan la fraternidad universal, puede considerarse como otra de sus réplicas a las discriminaciones de que son objeto. Por lo que respecta a los religiosos, en su mayor parte rechazan el sionismo: el Estado judío sólo puede renacer y el Templo sólo puede reconstruirse cuando llegue el Mesías.

El sionismo no es el único movimiento específico organizado de los judíos del Este. En 1897 se crea el Bund, la unión general de los obreros judíos de Lituania, Polonia y Rusia. Rivalizará con el sionismo hasta los años treinta. Se proclama nacionalista y socialista, se funda en principios de clase, postula el yiddish como lengua nacional y una autonomía político-cultural conforme con las tesis de los denominados «austromarxistas». Los bundistas reclaman la emancipación in situ de las masas judías, repitiendo: «Las palmeras y las viñas de Palestina me son ajenas.» Predican la solidaridad de los obreros judíos con la clase obrera internacional y oponen el patriotismo de la *galout* (el «exilio») al patriotismo sionista. Caído en el olvido, este movimiento firmará páginas gloriosas de la historia de Europa central, sobre todo por el papel que desempeñó en la insurrección del gueto de Varsovia en 1943. Será finalmente aplastado en Polonia por los nazis y en la Unión Soviética por los comunistas, cuyas posiciones sobre la «cuestión judía» fluctuarán al tenor de los acontecimientos y los cambios de doctrina. En su rivalidad con el sionismo, la URSS llegará al extremo de concebir una república autónoma judía, Birobidjan, en el confín oriental de Siberia.

La creación del Estado de Israel consagra la victoria del movimiento sionista, victoria que el antisemitismo hitleriano y el genocidio hicieron posible. Este Estado agrupa a una proporción creciente de los judíos del mundo –sea cual sea la definición que se dé a esta palabra–, pero inferior al 40 %. Centenares de miles de ellos prefirieron la integración en los Estados Unidos o en Europa, aunque Israel consiga actualmente movilizar a una fracción importante de ellos en favor de sus opciones. Se sienten –con razón– más seguros en Nueva York o en París que en Tel Aviv o en Jerusalén. ¿Hay que alegrarse del triunfo de este nacionalismo estrecho, en torno a un Estado? Albert Einstein escribía: «Mi manera de concebir la naturaleza esencial del judaísmo se resiste a la idea de un Estado judío, con fronteras, un ejército y un cierto grado de poder temporal, por modesto que sea. Temo los daños internos que causará al judaísmo, y sobre todo el desarrollo de un nacionalismo estrecho en nuestras propias filas [...]. Un retorno a una nación, en el sentido político del término, equivaldría a desviarse de la espiritualidad de nuestra comunidad, espiritualidad a la que debemos el genio de nuestros profetas.»

«El sionismo no es el corolario obligatorio, fatal,

de la persistencia de una identidad judía», señala Maxime Rodinson; «no es más que una opción.» Y ésta es criticable no solamente como toda ideología nacionalista, sino también porque su resultado –la creación de un Estado judío– sólo era posible desposeyendo a los palestinos. El sionismo se ha inscrito plenamente –y fue una de las condiciones más importantes de su victoria– en la aventura colonial. Fue y sigue siendo su principal defecto.

UNA DIMENSIÓN COLONIAL

No hay duda de la abnegación o el idealismo de numerosos militantes sionistas. Un joven judío desembarcado en 1926 en la Tierra Prometida podía escribir: «Puedo enorgullecerme, porque desde que llegué a Palestina, hace un año, me he despojado de la ganga de impureza de la diáspora y me he purificado todo lo posible. Quería una patria. Ser un hombre como los demás, igual a los demás, orgulloso como ellos de estar en Palestina. Desde el instante en que mis pies hollaron la tierra de mis antepasados, rompí todo lazo con Europa y América.» Se cambió de nombre, se hizo llamar Chaim Shalom y declaró: «Soy hebreo y mi nombre es hebreo porque provengo del país de los hebreos.»

A despecho de su credo socialista –o a veces a causa de él–, los sionistas se asemejaban a los colonos afincados en Argelia o en Sudáfrica, convencidos de que propulsaban la civilización frente a poblaciones salvajes. El sionismo en Palestina, a pesar de las formas especiales, entronca con el movimiento de colonización en dos aspectos: por su actitud con respecto a las poblaciones «autóctonas» y por su dependencia de una metrópoli, Gran Bretaña, al menos hasta 1945. Por otra parte, en la época en que el colonialismo no tenía la connotación negativa que posee hoy, Theodor Herzl escribía a Cecil Rhodes, uno de los conquistadores británicos del África austral: «Mi programa es un programa colonial.» Por su parte, Zeev Jabotinsky, el dirigente del movimiento sionista revisionista, se congratulaba: «Gracias a Dios, los judíos no tenemos nada en común con lo que llaman "Oriente". Tenemos que ayudar a aquellos de nuestro pueblo que son incultos y que se adhieren a tradiciones y leyes espirituales orientales arcaicas. Vamos a Palestina primero por nuestro "bienestar" nacional, después para expurgar sistemáticamente toda huella del "alma oriental".» Mordechai Ben Hillel Ha Cohen, un judío asentado en Jerusalén, señala: «Somos la población más civilizada de Palestina, nadie puede rivalizar con nosotros en el plano cultural. La mayoría de los indígenas son *fellahs* y beduinos que no saben nada de la cultura occidental. Hará falta todavía tiempo hasta que aprendan a vivir sin rapiñas, sin robos y demás fechorías, hasta que sientan vergüenza ante su desnudez y sus pies descalzos, y hasta que adopten un estilo de existencia en que prevalecerá la propiedad privada, y en que será necesario trazar carreteras y asfaltar calzadas, y en que las escuelas, las casas de beneficencia y los tribunales proliferen sin que haya corrupción.» Pero el insondable «alma oriental» parece que sobrevive a decenios de civilización, puesto que Moshé Katsav, el presidente de Israel, declara en mayo de 2001: «Existe una inmensa fractura entre nosotros [los judíos] y nuestros enemigos, no solamente en lo que respecta a las capacidades, sino también en el campo de la moral, de la cultura, del carácter sagrado de la vida y de la conciencia [...]. Son nuestros vecinos aquí, pero tenemos la impresión de que a unos cientos de metros de distancia hay gentes que no pertenecen a nuestro continente, a nuestro mundo, sino que en definitiva son de otra galaxia.» ¿Son humanos, esos palestinos?

A raíz de los disturbios de Jaffa, en 1921, una comisión de investigación británica informa de que el movimiento no constituía en absoluto un pogromo antisemita, sino que los insurgentes odiaban a los sionistas, no a los judíos. El *Jewish Chronicle*, órgano de los judíos británicos, se indigna: «Imagínense que los animales salvajes del parque zoológico salen de sus jaulas y matan a algunos visitantes, y que la comisión encargada de investigar sobre las circunstancias establece que la causa del drama es que los animales no amaban a sus víctimas. Como si no fuera el deber de la dirección del zoológico guardar a los animales en sus jaulas y garantizar que estén bien cerradas.» ¡Qué franqueza! Frantz Fanon, psiquiatra antillano que se adhirió a la revolución argelina, autor de un panfleto famoso, *Los condenados de la tierra* (1961), escribe: «El lenguaje del colono, cuando habla del colonizado, es un lenguaje zoológico. Se hace alusión a los movimientos reptantes del amarillo, a las emanaciones de la ciudad indígena, a las hordas, a la pestilencia, a la pululación, al hormigueo, a los ademanes. Cuando el colono quiere describir bien y encontrar la palabra justa, recurre continuamente al bestiario.»

La conquista de la tierra, así como la «expulsión» de los autóctonos, confirma la dimensión colonial del movimiento sionista. Uno de sus cuadros dirigentes reconoce, ya en 1910: «La cuestión árabe se reveló en toda su agudeza desde la primera compra de tierras, cuando tuve que expulsar por primera vez a habitantes árabes para instalar en su lugar a nuestros hermanos. Mucho tiempo después siguió resonando en mis oídos la triste queja de los beduinos congregados aquella noche alrededor de la tienda de las negociaciones, antes de que abandonaran el pueblo de Shamsin [...]. Yo tenía el corazón oprimido y entonces comprendí hasta qué punto llegaba el apego del beduino a su tierra.» Metro cuadrado a metro cuadrado, los judíos se apoderan de las tierras, desalojando a los árabes.

Ben Gurión es bien consciente de que ninguna transacción es posible: «Todo el mundo considera problemáticas las relaciones entre judíos y árabes. Pero no todos ven que esta cuestión es insoluble. Un abismo separa a las dos comunidades [...] Queremos que Palestina sea nuestra nación. Los árabes quieren exactamente lo mismo.» Israel Zangwill, un hombre próximo a Theodor Herzl, explica en la prensa británica durante la Primera Guerra Mundial: «Si pudiéramos expropiar, con compensación, a los 600.000 árabes de Palestina, o si se les pudiese persuadir de que emigrasen a Arabia, ya que se desplazan fácilmente *[¡sic!]*, sería la solución de la más grande dificultad del sionismo.» Herlz confiesa en su diario, en 1895: «Tenemos que expropiarles amistosamente. El proceso de expropiación y desplazamiento de los pobres debe realizarse de una forma secreta y a la vez prudente.» Concluirá, en gran escala, en 1948-1949, como mostraré en el capítulo V.

Es cierto que los judíos no llegan de una «metrópoli». Llegan de diversos países y no pueden pensar en «regresar» a Rusia o a Polonia, como por su parte los europeos blancos, mayormente protestantes, que se afincan en las Américas y que encierran a los indios en reservas después de haber intentado –y parcialmente conseguido– exterminarles. Pero el movimiento sionista goza, de todos modos, del apoyo de Londres, sin el cual estaría condenado al fracaso: así, sólo en el decenio que sigue a la instauración del mandato, son 250.000 los inmigrantes, más del doble que en la década precedente. «Durante todo mi servicio en Palestina», escribe Arthur Wauchope, el alto comisario británico que ejerce en Jerusalén a partir de 1931, «consideré mi deber alentar el asentamiento de los judíos, y mi única ambición era garantizar su seguridad.» Habla, además, de la «gran aventura» de la colonización. Ni la emigración, ni la compra de tierras ni la creación de estructuras estatales habrían sido posibles sin el paraguas británico. Por supuesto, podían surgir contradicciones entre los intereses del

*Yishuv* y los de Londres, como veremos en el capítulo siguiente, pero, al menos hasta 1939, fueron secundarias.

Propician esta alianza lo que llamaré «afinidades culturales». Pongo un ejemplo. De resultas de los violentos disturbios que estallan en Palestina en 1929, numerosos responsables británicos, en Palestina o en Gran Bretaña, están convencidos de la necesidad de un cambio de rumbo que entrañe la restricción de la inmigración y la compra de tierras. El Ministerio de las Colonias prepara en octubre de 1930 un Libro Blanco que recoge estas propuestas. Pero Weizmann consulta al jefe del gobierno británico y obtiene una garantía de la libertad de inmigración y la adquisición de tierras, calificada de «letra negra» por los árabes. El primer ministro británico debate incluso con cifras con un sionista sobre el modo de privilegiar a los judíos en los acuerdos, en detrimento del principio de paridad (trato igualitario a los judíos y a los árabes) públicamente reconocido. El movimiento debe este éxito clamoroso a sus relaciones mundanas, a sus contactos políticos, a su conocimiento del sistema político británico. Los sionistas tienen más posibilidades de hacerse oír que los representantes árabes o palestinos, cuya cultura, tradiciones y forma propia de negociar son ajenas a los europeos. Los sionistas son occidentales que hablan con occidentales. Utilizarán esta baza en cada etapa del conflicto.

Israel, por emplear la expresión de Maxime Rodinson, es un «hecho colonial». Como Australia o los Estados Unidos, el país ha nacido de una conquista, de la expropiación de los autóctonos. No es, en cambio, a diferencia de la Sudáfrica del apartheid, una «sociedad colonial», una sociedad que necesita «indígenas» para sobrevivir. Por otra parte, aunque proceda de una injusticia, Israel es ya un Estado reconocido por la comunidad internacional, por las Naciones Unidas. Pensar, como algunos han pensado y continúan haciendo, que se puede «expulsar» a los israelíes, devolverlos «a su casa», no es ni moralmente defendible ni políticamente realista. Una injusticia no puede repararse con otra. Viven ya en Tierra Santa dos pueblos, uno israelí, el otro palestino. Se puede soñar, como hacen algunos intelectuales palestinos o israelíes, que un solo Estado podría englobarlos; es una hermosa utopía que nuestra generación no verá realizarse. Y, en definitiva, no podrá imponerse solución unilateral alguna ni a los palestinos ni a los israelíes.

# IV. NACIMIENTO DE ISRAEL, NAUFRAGIO DE PALESTINA (1947-1949)

Volvamos al periodo clave de 1947-1949. El plan de partición de Palestina es votado por las Naciones Unidas, nace el Estado judío, de 700.000 a 800.000 palestinos se transforman en refugiados, quedan fijadas las reglas del enfrentamiento entre Israel y sus vecinos árabes. Es también un periodo que suscita, incluso hoy día, innumerables controversias acerca del origen de los problemas y los dramas que devastan la región.

## INTRANSIGENCIA BRITÁNICA

1939: Gran Bretaña aprueba el Libro Blanco que restringe la inmigración judía y prohíbe la compra de tierras árabes (ver capítulo II). La rebelión palestina ha sido sofocada. Las tensiones internas en Palestina siguen siendo fuertes, pero las atenúa el estallido de la Segunda Guerra Mundial, en septiembre de 1939. La guerra acelera la marcha hacia un Estado judío, pero crea asimismo un foso entre Londres y el movimiento sionista. En adelante, Gran Bretaña teme ante todo que el refuerzo del *Yishuv* debilite su influencia sobre el Oriente Próximo árabe. El movimiento sionista, y en especial David Ben Gurión, se vuelve hacia un astro nuevo, los Estados Unidos. En mayo de 1942, en el hotel Biltmore de Nueva York, se celebra una conferencia sionista extraordinaria que, por primera vez, hace un llamamiento explícito a «la creación de un Estado [Commonwealth] judío en Palestina».

Este objetivo necesita atraer a los cientos de miles de «personas desplazadas» judías, supervivientes de los campos europeos, cuyo desarraigo y angustia son insondables. ¿Dónde pueden ir? Tanto Estados Unidos como Europa se niegan a acogerlas. Y los británicos mantienen la política de restricción de la inmigración en Palestina. Sobre este aspecto recae, durante un tiempo, el esfuerzo principal del movimiento sionista, que todavía trata de modificar los equilibrios demográficos en Palestina: entre el fin de la guerra y el 15 de mayo de 1948 arriban 70.000 clandestinos. Pero la difusión por los medios de comunicación del apresamiento que naves británicas realizan de esos barcos cargados de fugitivos de los campos da un impulso formidable a la causa de Ben Gurión. El 27 de septiembre de 1945, los dirigentes sionistas denuncian el bloqueo de Palestina, que equivale a «una condena a muerte para esos judíos liberados que se cansan de esperar en los campos de internamiento de Alemania». Las opiniones occidentales se movilizan.

74

En cambio, para los árabes, estas maniobras no son más que propaganda: están dispuestos a acoger a refugiados, no a colonos, puntualizan.

El 12 de agosto de 1946, las autoridades británicas adoptan nuevas medidas contra la inmigración, la más dramática de las cuales es el internamiento en Chipre de todos los que han sido detenidos. «Contrariamente a lo que se ha afirmado», proclama Londres, «este tráfico ilegal no es un movimiento nacido espontáneamente en los judíos de Europa que verían en Palestina su única perspectiva de futuro. [Este tráfico] ha sido organizado por personas sin escrúpulos que quieren forzar la mano de Su Majestad y adelantarse a sus decisiones sobre la política en Palestina.» La política británica con respecto al sionismo no experimenta cambios fundamentales tras el final de la guerra, a pesar de la derrota del conservador Winston Churchill en las elecciones generales de julio de 1945 y la victoria de los laboristas, a los que se considera más favorables al movimiento sionista; por el contrario, se endurece, pero sin franquear nunca el punto de no retorno. En especial porque los ingleses comienzan a hacer las maletas.

Varias razones explican esta ruptura de su compromiso. Aunque pertenezca al bando de los vencedores, el imperio «sobre el cual el sol nunca se pone» no es ya más que la sombra de sí mismo. La situación económica del país es desesperada. Comienza el largo reflujo, que se plasmará, en particular, en el abandono de la India, la joya de la Corona, en 1947. Por otro lado, Gran Bretaña tropieza con un fuerte movimiento nacionalista árabe que amenaza los tronos de sus protegidos, los reyes de Irak, de Transjordania y de Egipto. Tiene, pues, que velar por sus aliados en el momento justo en que el sionismo reclama abiertamente la rápida creación de un Estado judío, situación que dificulta el «doble lenguaje» que Londres pudo utilizar durante los decenios de 1920 y 1930.

Por último, sobre el terreno, los sionistas desafían cada vez más abiertamente su autoridad. Por un lado, miles de judíos del *Yishuv* se enrolaron en el ejército británico y adquirieron en él una experiencia militar. En mayo y junio de 1941, con ayuda de los británicos, que temían una invasión alemana, fue creado el Palmah, una fuerza armada permanente judía, de temible eficacia. Por otro, como hemos visto, la inmigración clandestina aviva el enfrentamiento y radicaliza al *Yishuv*, traumatizado por las informaciones sobre el genocidio. La mayoría de los judíos de Palestina tuvieron familiares muertos, fusilados, exterminados en las cámaras de gas. Les indigna la negativa de Londres a permitir la entrada de los supervivientes. Los grupos armados disidentes, primero –el Irgún (dependiente del movimiento revisionista) y el Lehi, una pequeña escisión–, y luego, durante un corto periodo, el conjunto de las milicias judías se lanzan a la acción contra los británicos.

El 1 de febrero de 1944, el Irgún, dirigido entonces por Menahem Begin –el mismo que firmará, treinta y cuatro años más tarde, la paz de Camp David con el presidente egipcio Sadat–, anuncia el fin de la tregua con los británicos. En un primer momento, sus acciones son condenadas por la Haganá y el movimiento laborista, que entregan a los británicos a algunos de sus militantes. Pero el tono cambia en octubre de 1945, sobre todo en torno al drama de los inmigrantes ilegales. Durante ocho meses, los grupos se unen y atacan objetivos militares en Palestina. De este modo comienza lo que se llama la «rebelión». La acción más espectacular se produjo la noche del 17 de junio de 1946, cuando el Palmah hizo saltar once de los puentes que unen a Palestina con los distintos países vecinos. Pero un atentado impresionante y sangriento, perpetrado el 22 de julio de 1946 por el Irgún contra el Hotel Rey David, cuartel general militar y administrativo británico, y que causó un centenar de muertos, pone fin a la alianza; la Haganá lo condena y decide la disolución del Irgún, obviamente sin éxito. Pero ni el movimiento laborista ni Londres quieren provocar lo irremediable. Como observa el historiador israelí Tom Segev, los británicos «no actuaron nunca contra los judíos con la misma determinación y la misma dureza de que habían dado muestras para reprimir la insurrección árabe». Y Ben Gurión, a pesar de sus declaraciones belicistas, intentará, hasta principios de 1947, prolongar el mandato británico, temiendo una confrontación demasiado rápida con los árabes.

Londres ya ha cedido. El 18 de febrero de 1947, el gobierno anuncia su decisión de someter a las Naciones Unidas la cuestión de Palestina: «Somos incapaces», reconoce Ernest Bevin, ministro de Asuntos Exteriores, «de aceptar las propuestas presentadas por los árabes o por los judíos, o de imponer una solución a todos.» Sobre todo porque Gran Bretaña no quiere enajenarse de las simpatías de Estados Unidos, favorables a las aspiraciones sionistas, mientras que se perfila la guerra fría con la Unión Soviética.

Los Estados Unidos, no obstante su tendencia a dejar a Londres la responsabilidad concreta de gestionar el conflicto, sufren las presiones de muchos judíos norteamericanos, en especial sobre la cuestión de la inmigración. En agosto de 1945, el nuevo presidente, Harry Truman, que acaba de suceder a Franklin D. Roosevelt, se declara partidario de la concesión de 100.000 visados más para los judíos en Palestina. Bien implantadas, las organizaciones sionistas movilizan la opinión. Cuando una comisión anglonorteamericana visita en 1946 los campos de personas desplazadas, los representantes de la Agencia judía se organizan para que sólo encuentre a judíos favorables a la emigración a Palestina. Sin embargo, un consejero del gobierno norteamericano afirma por entonces que, si les permitiesen elegir, la mitad de los supervivientes judíos preferirían Estados Unidos a Palestina.

En este contexto, la ONU crea una comisión más, la decimoséptima desde 1917, para estudiar la suerte de Palestina. La United Nations Special Committee on Palestine (UNSCOP) reúne a los representantes de once países. Debe presentar su informe antes del 1 de septiembre de 1947. La comisión llega en junio y descubre un país en guerra, paralizado por el terrorismo de los grupos armados extremistas judíos. Es boicoteada por el Alto Comité árabe, mientras que la Agencia judía, por el contrario, la rodea de todas sus «atenciones»: llega hasta el extremo de esconder micrófonos en las salas en que se reúne la comisión, y de este modo conoce las posiciones de cada uno de los comisarios y de los testigos. Asigna a cada miembro de la UNSCOP acompañantes que hablan su idioma; incluso encuentra judíos suecos para ocuparse de su presidente...

Aunque la Agencia judía trata de imponer su punto de vista –la creación de un Estado judío–, la UNSCOP oye asimismo a representantes de puntos de vista minoritarios, favorables a un Estado judeoárabe. A pesar de haber caído en el olvido, han ejercido una auténtica influencia en las sociedades judía y árabe. Por un lado, la Liga para el Acercamiento y la Cooperación Judeoárabes, sostenida en especial por Hachomer Hatzair, un partido de extrema izquierda que se apoya en una poderosa federación de *kibbutzs*, preconiza «la construcción de Palestina como patria común del pueblo judío que regresa a ella y del pueblo árabe que reside en ella [y que] debe fundarse en una comprensión y un acuerdo mutuos duraderos». Por otro, los comunistas, antisionistas, en 1943 vieron estallar su partido entre una organización judía y la Liga de Liberación Nacional, bastante activa entre los árabes. Rechazan la partición y la dominación de un grupo sobre el otro. Estas luchas evidencian que existía –y que todavía existen– corrientes que rechazaban valientemente la lógica de «ellos o nosotros»...

Tres elementos van a primar en el dictamen de la mayoría de los miembros de la UNSCOP e inducirles a sostener la división de Palestina y la creación de un Estado judío: la tragedia de los «clandestinos», el éxito de la colonización y la visita de los campos de la muerte.

Julio de 1947. Una multitud se agolpa en el puerto de Haifa. Observa un viejo velero rodeado de barcos de guerra británicos. A la vista de todo el mundo, los 4.500 pasajeros, mujeres, viejos, niños, supervivientes míseros de los campos de la muerte, son brutalmente desembarcados y luego trasladados a otros barcos jaula. Entre los espectadores atónitos e indignados se halla Emil Sandstrom, el presidente sueco de la UNSCOP. Horas más tarde será abordado por un sacerdote norteamericano, el reverendo John Grauel. El religioso ha viajado en el paquebote, fletado por la Haganá y rebautizado *Exodus 47*, que ha zarpado del puerto de Sète el 12 de julio de 1947. Le hace al sueco un relato dramático de la travesía, del modo en que los británicos han tomado por asalto la embarcación, matando, como mínimo, a tres personas. Termina con estas palabras: «He observado a estas gentes. Sé quiénes son. Y le aseguro que los judíos instalados en los campos de "personas desplazadas" europeos quieren venir a Palestina, vendrán a

80

Palestina y nada, como no sea una guerra abierta y una destrucción completa, se lo impedirá.»

¿Cómo no iban a conmoverse los miembros de la UNSCOP? En especial porque la odisea de esos refugiados rechazados, transportados de puerto en puerto, dura todo el verano. Finalmente, en septiembre, son desembarcados por la fuerza... en Alemania. El representante guatemalteco en la UNSCOP, Jorge García Granados, escribe en sus memorias que fue «una de las decisiones más cínicas y estúpidas jamás tomadas por un gobierno civilizado». El episodio del *Exodus* inspiró un libro y más tarde una película espectacular que tienen tan poca relación con la historia real como *Los diez mandamientos*, el gran péplum de Cecil B. DeMille...

¿Quién, en estas circunstancias, puede oír la argumentación de los palestinos? Para ellos no se trata en absoluto de acoger a refugiados. A lo largo de toda la Segunda Guerra Mundial, la Tierra Santa sirvió de asilo a decenas de miles de personas que huían o de la contienda o de la represión. Pero, en este caso, los «refugiados» pretenden «retornar» a su país, reemplazar en él a la población local...

Como las organizaciones árabes han boicoteado a la UNSCOP, los delegados no oyen prácticamente más que una sola voz. Y su timbre, sobre todo en los campos de «personas desplazadas» en Europa, resuena especialmente grave. La sombra del genocidio flota sobre los países del Este. Hasta se cree que puede reanudarse en cualquier momento. El consejero de Asuntos Judíos del ejército norteamericano en Munich explica a los miembros de la comisión: «Si nos retirásemos mañana, habría pogromos al día siguiente. El antisemitismo está en expansión. Los alemanes detestan a las "personas desplazadas".» Un refugiado griego cuenta cómo le deportaron a Auschwitz, cómo su mujer y su hijo de un año fueron incinerados en un horno crematorio; su único sueño, prosigue, es afincarse en Palestina. A estos refugiados se les instala a algunos kilómetros –a veces en el interior mismo– de las fábricas de muerte de las que han huido, como el campo de Hahne, en zona de ocupación británica, cerca del campo de Bergen-Belsen, donde las tropas británicas han encontrado 10.000 cadáveres entre las barracas. Les habían dejado morir de hambre...

Un factor contribuye a la decisión que toman los miembros de la Comisión: es lo que yo llamaría la «visión colonial». En Palestina, todos los diferentes observadores occidentales que se suceden en los años cuarenta ponen de relieve la «diferencia de desarrollo» que existe entre judíos y árabes. Frank Aydelotte forma parte en 1946 de una comisión anglonorteamericana: «Salí de Washington siendo un antisionista bastante acérrimo... Pero cuando ves *de visu* lo que los judíos han hecho de Palestina, es el más grande esfuerzo creativo en el mundo moderno. Los árabes no tienen nada semejante y destruirían todo lo que han hecho los judíos. No debemos permitírselo.» El representante de Guatemala en la UNSCOP cuenta en sus memorias que «al lado del siglo XX, hemos visto vestigios del siglo XV. Aguadores árabes, deslomados bajo el peso de odres llenos de agua, que caminan arrastrando los pies, entrechocando dos tazas de hojalata para atraer la atención sobre sus mercancías; y, de vez en cuando, un asno que camina lentamente por la calle, seguido de un árabe que lo golpeaba con un bastón, mientras que unos automóviles, tocando la bocina impacientemente, hacían cola detrás de él». Por un lado la civilización, simbolizada por el automóvil, y por el otro el mundo salvaje y sus asnos...

Aceptemos por un instante este razonamiento. En Argelia, las plantaciones de los colonos franceses estaban mucho mejor cuidadas que las de los campesinos árabes; ¿había, entonces, que denegar la independencia a Argelia? Nadie discute que en Sudáfrica, en la época del apartheid, los barrios blancos eran «limpios, adecentados, alegres», mientras que los guetos negros eran «sucios, peligrosos, repulsivos». ¿La minoría blanca, en consecuencia, tenía que conservar el poder? En 1947, nadie se pregunta si el retraso de las colonias no es, entre otras cosas, el resultado de la colonización... En esa época, el gran movimiento de descolonización apenas se perfila, y lo que llamamos la «comunidad internacional», la que hace la diplomacia y forja los conceptos para analizar el mundo, está dominada por algunos países occidentales.

La UNSCOP presenta, pues, sus conclusiones; no contienen sorpresas. Aunque el acuerdo es unánime respecto a poner término al mandato británico sobre Palestina, la Comisión está dividida en lo relativo a las restantes recomendaciones: la mayoría es partidaria de dividir Palestina en dos Estados, uno judío y el otro palestino, con una unión económica entre ambos, y de que la región de Jerusalén y los lugares santos pasen a depender de la tutela internacional. Una minoría propone un Estado federal independiente formado por dos entidades, una árabe y la otra judía. Se entablan negociaciones para definir los contornos de los dos Estados. Finalmente, el plan es sometido a la Asamblea General de la ONU el 29 de noviembre de 1947: el Estado judío debería ocupar el 55 % de Palestina, con 500.000 judíos y 400.000 árabes; el Estado árabe, el territorio restante, con 700.000 árabes y algunos miles de judíos; la zona de Jerusalén será habitada por 200.000 personas, la mitad árabes y la otra mitad judíos.

Para «pasar», este texto debe recabar las dos terceras partes de los votos de la Asamblea. El resultado es incierto hasta el último minuto. Los Estados Unidos multiplican las presiones sobre los países que vacilan. A Grecia la amenazan con verse privada de la ayuda norteamericana en caso de rechazo, en el preciso momento en que su gobierno afronta una insurrección comunista, pero a pesar de todo Atenas votará en contra. Washington da a entender a Liberia que podría sufrir un embargo sobre el caucho; Freetown capitula. La propia Francia, que se ha abstenido en las votaciones preliminares, recibe «consejos» del amigo americano y se suma al plan de la mayoría. Por último, la Asamblea General de la ONU «recomienda» la división por 33 votos contra 13, y 10 abstenciones; por entonces, el número de miembros de la Organización (compuesta, principalmente, de países europeos y latinoamericanos) era reducido en comparación con los 190 miembros, aproximadamente, que cuenta en 2001.

El Estado de Israel había sido creado aunque la votación de la ONU hubiera sido distinta. Existía, de hecho, virtualmente, desde finales de los años treinta. Sin embargo, la decisión de la ONU es importante porque confiere legitimidad al proyecto sionista. Establece también el principio de toda solución en Palestina: «dos pueblos, dos Estados». En 1988, cuando proclamen el nacimiento del suyo, los palestinos harán referencia a esta Resolución 181 del 29 de noviembre de 1947...

## LOS MITOS DE LA GUERRA DE 1948-1949

Ahora la guerra puede empezar. Gran Bretaña se abstuvo sobre el plan de partición; decide poner fin a su mandato el 15 de mayo de 1948, pero no permite que la ONU «tome el relevo» para garantizar una transición pacífica. A partir de diciembre de 1947, los judíos y los árabes se enfrentan en Palestina. El 14 de mayo de 1948, Ben Gurión anuncia la creación del Estado de Israel, y al día siguiente los ejércitos de varios países árabes invaden Palestina. Al término de una guerra que se prolongará hasta julio de 1949, interrumpida por treguas, Israel es la vencedora. Ha ampliado sus fronteras mucho más allá de lo que estipulaba el plan de reparto. Se ha desembarazado de la gran mayoría de los palestinos que residían en su territorio y los ha transformado en refugiados. Ocupa la parte oeste de Jerusalén, de la que hace su capital. Sólo se le han escapado dos territorios. La Cisjordania (y el este de Jerusalén), que Jordania se anexiona en 1950, y la pequeña franja de Gaza, que queda sometida a la tutela egipcia pero que conserva su autonomía: me acuerdo todavía de aquellos sellos egipcios que vendían en El Cairo a finales de los años cincuenta, con la palabra «Gaza» sobreimpresa...

La conflagración de 1948-1949 engendró numerosos mitos: los dirigentes sionistas habrían querido aplicar el plan de reparto; la victoria israelí contra cinco ejércitos árabes tenía visos de prodigio *(Análisis de un milagro,* se titulaba una obra de Arthur Koestler dedicada al acontecimiento); los refugiados se habrían marchado por su propia iniciativa o gracias a un llamamiento de los dirigentes árabes (volveré a este punto en el capítulo siguiente); Israel buscó tenazmente la paz con sus vecinos.

Israel es un Estado democrático, en todo caso para sus ciudadanos judíos, ya que los árabes sufren discriminaciones en diversos ámbitos. Al cabo de treinta años, sus archivos han sido abiertos a los investigadores, si bien algunos de ellos, demasiado «sensibles», siguen siendo inaccesibles. Los archivos han permitido «revisar» muchos mitos de la historia nacional. Las «mentiras históricas» no son, desde luego, una novedad ni una peculiaridad de la región. Ernest Renan, a quien ya he citado, escribía: «El olvido, y diría que incluso el error histórico, es un factor esencial de la creación de una nación [...]. La investigación histórica, en efecto, esclarece los hechos violentos que han sucedido en el origen de todas las formaciones políticas.»

También en Oriente Próximo la historia respalda, casi directamente, las estrategias políticas. Establecer si los palestinos fueron expulsados en 1947-1949 o si su partida fue plenamente voluntaria tiene, sin ninguna duda, consecuencias concretas sobre su estatuto actual y sobre lo que se llama «derecho al regreso». Cuestionar los mitos de los que acabo de hablar derrumba la superioridad moral que Israel se ha arrogado durante la segunda mitad del siglo XX.

Los palestinos, al igual que los países árabes, con la excepción, como veremos, de Jordania, rechazaron la división. A la vista de la relación de fuerzas, más les habría valido aceptarla, como pensaron algunos de ellos... También podemos comprender que el principio del reparto les pareciera especialmente ilegítimo. ¿Por qué 400.000 palestinos tenían que convertirse en una minoría dentro de un Estado judío? ¿Por qué a los judíos, que representaban un tercio de la población, se les concedía el 55 % del país?

En cuanto a los sionistas, su sentido táctico superó el de sus adversarios. Sabían qué argumentos esgrimir en las instancias internacionales, aunque no estuviesen dispuestos a acatarlos... Desde hacía muchos años, el movimiento sionista se enfrentaba con propuestas de división de Palestina, en especial la de la Comisión Peel en 1937. Ben Gurión aceptaba el principio, pero les precisó a los miembros de su partido: «De la misma manera que no considero que el Estado judío propuesto sea la solución definitiva de los problemas del pueblo judío, no veo el reparto como la solución definitiva de la cuestión de Palestina. Los que rechazan el reparto tienen razón, pues este país no puede dividirse porque constituye una entidad única, no solamente desde un punto de vista histórico, sino también natural y económico.» Al dirigirse al ejecutivo sionista, era aún más directo: «Después de formar un ejército importante en el marco del establecimiento del Estado, aboliremos la división y nos extenderemos por la totalidad de Palestina.» La conformidad con el principio de la división era meramente táctica desde 1937. Ocurriría lo mismo en 1947.

Al tomar la palabra, el 3 de diciembre de 1947, ante la dirección de la Histadrout, la central obrera judía, Ben Gurión afirma que el plan de partición que acaba de aceptar públicamente «no proporciona las bases de un Estado judío estable. Tenemos que preverlo con claridad y precisión. Un recorte así no nos da ni siquiera una garantía absoluta de que el control seguirá estando en manos de la mayoría judía». Y en numerosas ocasiones precisa que los límites del Estado judío serán determinados por la fortuna de las armas. El texto de la declaración de independencia del 14 de mayo de 1948 no contiene, por otra parte, mención alguna ni de la Resolución del 29 de noviembre de 1947 ni de las fronteras. En aquel mismo momento, sus emisarios aseguran al presidente norteamericano que el Estado de Israel ha sido fundado «dentro de las fronteras aprobadas por la Asamblea General de la ONU». Pura mistificación...

Los sionistas, por consiguiente, violaron abiertamente las recomendaciones de la Resolución 181. Ésta había propuesto un periodo de transición de dos años (hasta septiembre de 1949) para implantar, en particular, la unión económica. Ahora bien, Ben Gurión decidió la proclamación del Estado el 14 de mayo de 1948, aniquilando toda posibilidad de transacción. Por otro lado, quería a toda costa impedir la creación de un Estado palestino, contrariamente de nuevo a la letra del plan de partición. ¿Existía una posibilidad semejante? Poca cosa sabemos del estado de la opinión palestina. Lo que sabemos seguro es que el Alto Comité árabe, bajo la égida de Hajj Amín El Husseini, rechazó categóricamente la resolución de la ONU, así como la mayoría de la opinión. Pero el Alto Comité era muy criticado, y los palestinos ¿estaban dispuestos a luchar? Numerosos pueblos árabes firmaron acuerdos de no beligerancia con sus vecinos judíos. Como recalca un responsable sionista, «la mayoría de las masas palestinas aceptaba la partición como un hecho consumado y no creía en la posibilidad de rechazarla». Ben Gurión señalaba el 14 de marzo de 1948: «La gran mayoría de ellos no quiere combatirnos.» Algunos dirigentes de organizaciones influyentes, como la Liga de Liberación Nacional (comunista), abogaban por una transacción. Nadie puede decir si hubiese sido posible un acuerdo, pero en ningún momento Ben Gurión consideró seriamente esta alternativa.

Ya había negociado una partición de facto con el emir Abdallah de Jordania. En efecto, los países árabes estaban profundamente divididos. Jordania, que se alineaba en la Legión Árabe, el más eficaz de los contingentes árabes, codiciaba una parte de Palestina, y se había puesto de acuerdo con los sionistas para aplastar a los palestinos. El rey Faruk de Egipto había impuesto tardíamente la invasión a sus generales remisos a emprenderla. Siria desconfiaba de las ambiciones de las dinastías hachemitas de Ammán y de Bagdad. Los países árabes no habían elaborado ninguna coordinación, ningún plan común de batalla.

Por otra parte, el 14 de mayo de 1948, el conjunto de las fuerzas árabes en el teatro de operaciones –tanto las que habían invadido Palestina como las de los palestinos– no superaba los 25.000 soldados, mientras que el recentísimo ejército de defensa de Israel, Tsahal, contaba con 35.000, y con 100.000 en diciembre. En cada etapa, el ejército israelí tenía más soldados que todos sus enemigos juntos. Aunque en los primeros meses disponía de escaso material pesado, superó esta debilidad gracias al suministro clandestino, e ilegal, de armas procedentes de Checoslovaquia. Uno de los elementos más insólitos de este conflicto, a la vista del cariz que adquirió posteriormente, fue el apoyo moral y material aportado al movimiento sionista por la Unión Soviética y sus aliados, pues Moscú se había fijado como objetivo prioritario la partida de la región de los británicos. La derrota árabe estaba, por tanto, predeterminada por la relación de fuerzas. Es cierto que David derribó a Goliat, pero a un Goliat con los pies de barro... Sin embargo, Israel perdió a 6.000 soldados en los combates, es decir, el 1 % de su población, y ésta tuvo la impresión de que había estado, una vez más, al borde de la exterminación.

Cuando se aplican los acuerdos del armisticio con los países árabes –el último se firma con Siria en julio de 1949–, Israel se extiende sobre un territorio mucho más vasto que el previsto por el plan de partición: alrededor del 78 % de Palestina. Ha asumido asimismo el control de la parte oeste de Jerusalén. Por último, el Estado, casi «étnicamente puro», sólo engloba a unos 150.000 palestinos, sometidos a un régimen militar hasta 1966.

Para cerrar este capítulo, hay que desmontar una última mentira, la de que Israel siempre habría buscado la paz con sus vecinos pero nunca habría encontrado un interlocutor árabe. De los archivos emana una versión totalmente distinta. Con sus tres vecinos principales –Jordania, Siria y Egipto–, se entablaron contactos después de la guerra. Cada vez, Israel deniega toda concesión para firmar la paz: «[queremos] la paz contra la paz», escribe Ben Gurión. No cabe hablar de devolver los territorios conquistados ni, sobre todo, de permitir el retorno de los palestinos refugiados. El primer ministro israelí contempla incluso la conquista de Cisjordania y de Gaza.

En varias ocasiones entre 1949 y 1951, el emir Abdallah de Jordania propone diversas transacciones que son rechazadas. Moshé Sharett, el ministro israelí de Asuntos Exteriores, informa: «El rey de Transjordania dice que quiere la paz inmediatamente. Respondemos, por supuesto, que nosotros también queremos la paz, pero que no tenemos que correr, sino sólo caminar.» Abdallah será asesinado por un palestino el 20 de julio de 1951...

En Damasco, en marzo de 1949, por primera pero no por última vez, el ejército toma el poder, encabezado por el coronel Hosni El Zaim. Ofrece a Israel una paz formal con apertura de embajadas. A cambio, pide algunas concesiones relativas al agua y los territorios, pero se declara dispuesto a absorber a 300.000 refugiados palestinos. Ben Gurión rechaza estas propuestas, al igual que la de un encuentro en persona con el dirigente sirio. El Zaim será derrocado el 14 de agosto de 1949 y después ejecutado. En lo que atañe a Egipto, principal potencia del mundo árabe, el régimen del rey Faruk y luego, tras el golpe de Estado de los «oficiales libres», el 23 de julio de 1952, el de Gamal Abdel Nasser negocian secretamente con Israel. Hasta 1955, se perfilan varios planes, en especial bajo los auspicios de los Estados Unidos.

Con toda evidencia, Israel no se «precipitó» en busca de la paz. Por supuesto, la inestabilidad del mundo árabe, traumatizado por la derrota, fragmentado en corrientes rivales, pesaba sobre cualquier negociación. Nada garantizaba que estas «aperturas» desembocasen en la paz. Pero el Estado judío ni siquiera exploró esta vía. Como explicaba a Ben Gurión Abba Eban, el representante israelí en la ONU: «No debemos correr en pos de la paz. Los acuerdos del armisticio nos bastan. Si corremos en pos de la paz, los árabes exigirán su precio: o territorios, o el regreso de los refugiados, o ambas cosas. Más vale esperar unos años.» Cincuenta años más tarde, seguimos esperando.

# V. DEL GENOCIDIO A LA EXPULSIÓN, LOS SUFRIMIENTOS DEL OTRO

Oigo ya las protestas indignadas, las imprecaciones vengativas, los juicios de intención. ¿Cómo amalgamar los acontecimientos, cómo comparar lo que no es comparable? Para los unos, la *Shoah* es un acontecimiento único. Para los otros, los palestinos no son responsables del genocidio de los judíos, y la evocación de este último, que representa una «manipulación», no tiene cabida en el conflicto del Oriente Próximo.

Dejemos que se indignen. Los hechos son testarudos, aunque nos neguemos a verlos. Parto de una comprobación sencilla: tanto a los judíos israelíes como a los palestinos les habita un sufrimiento profundo, un miedo existencial. Para los primeros, el genocidio nazi forma parte integrante de su identidad y temen su «repetición»; viven cada atentado como el signo de un posible resurgimiento de la «bestia inmunda» que fue el nazismo, y a veces como la prueba de un «antisemitismo eterno». Para los palestinos, la expulsión y el desarraigo de 1948-1949 forman parte de una prueba traumática cuyos efectos siguen sufriendo y cuya «repetición» temen también. Varios cientos de miles de ellos fueron expulsados de nuevo en 1967, y el «traslado» de los palestinos de Cisjordania y de Gaza hacia los países árabes, ¿no es periódicamente esgrimido por responsables israelíes? Estos dos temores impregnan a los protagonistas, su visión del mundo, su comportamiento cotidiano. Se han convertido, por emplear una expresión de Karl Marx, en una «fuerza material». No tenerlo en cuenta es renunciar a comprender una de las dimensiones más importantes del conflicto.

Clarifiquemos primero los términos del debate. No se trata en absoluto de «comparar», por un lado, el genocidio, la voluntad que lo anima de aniquilación sistemática de millones de personas a causa de su religión o de su «raza», y, por otro, la expulsión, vivencia traumatizante para los palestinos, pero que no es sinónimo de una exterminación, aunque haya estado acompañada de matanzas. Además, los dos acontecimientos no se desarrollaron en el mismo continente, no los protagonizaron los mismos actores, no poseen circunstancias análogas. Es cierto que los judíos fueron exterminados por los nazis, pero los palestinos, desalojados por las milicias judías y luego por el ejército israelí, sin ser en absoluto responsables del genocidio, fueron de algún modo víctimas indirectas de él. Por último, para ellos, el exilio continúa y su calvario no es objeto del menor reconocimiento oficial ni de un comienzo de «remordimiento», ni por parte de Israel ni por parte de la comunidad internacional.

Los israelíes hablan de la *Shoah*, los palestinos mencionan la *Nabka;* las dos palabras pueden traducirse por «catástrofe». Tanto a los unos como a los otros, cabría decirles lo que dice Andrómaca cuando evoca la caída de Troya: «Una noche cruel, que fue para todo un pueblo una noche eterna.» Quisiera intentar reconstruir el recorrido de cada uno de los dos cataclismos.

LA *SHOAH*

Tras la llegada al poder de Hitler en Alemania, en enero de 1933, se sistematizan las persecuciones de los judíos. Pero sólo se transforman en exterminio después de iniciada la Segunda Guerra Mundial. La invasión de la Unión Soviética, en junio de 1941, marca una etapa. «En lo relativo a la cuestión judía, el Führer está decidido a resolverla. Ha anunciado a los judíos que, si ocasionasen de nuevo una guerra mundial, sufrirían su destrucción. No era una frase. La guerra mundial ha llegado, y la aniquilación de los judíos debe, por ende, ser su consecuencia necesaria. Hay que considerar esta cuestión sin el menor sentimentalismo.» Así descifra Josef Goebbels, el dueño de la propaganda nazi, el discurso de Adolf Hitler ante los prefectos del Reich, en Berlín, el 12 de diciembre de 1941. Las matanzas a gran escala han empezado ya en los territorios del Este, en la Unión

Soviética. En cada ciudad, en cada pueblo, centenares, hasta millares de judíos y de comunistas son liquidados por comandos especializados, los *Einsatzgruppen*, y a menudo enterrados en fosas comunes. El relato de estas abominaciones fue recogido por dos grandes escritores soviéticos, Ilya Ehrenburg y Vassili Grossman, en una obra perturbadora: *El libro negro sobre el exterminio asesino de los judíos por los invasores fascistas alemanes en las regiones provisionalmente ocupadas de la URSS y en los campos de exterminio de Polonia.*

Hitler toma entonces la decisión de pasar de la matanza «artesanal», por decirlo así, a la industrial: el primer centro de ejecución se abre a finales de 1941, las muertes masivas en las cámaras de gas empiezan en Auschwitz en la primavera-verano de 1942, mediante la utilización de un poderoso desinfectante, el Zyklon B. Esta aniquilación es aplicable a todos los judíos, pero también afecta a otros grupos «indeseables», como los gitanos. ¿Cómo expresar el horror de estos crímenes? Existen miles de relatos. A veces estamos un poco saturados, hasta el punto de que no somos ya capaces ni de oírlos ni de extraer sus enseñanzas, sobre todo porque en esta vasta producción hay lo mejor y lo peor, los auténtico y lo ficticio, el oro y el plomo. Citaré algunas líneas sacadas de dos testimonios.

Con ocasión del proceso, en Israel, en 1961, de Adolf Eichmann, uno de los organizadores de la «solución final», el escritor Yehiel Dinur cuenta su experiencia en el campo de Auschwitz: «Estuve allí unos dos años. Allí el tiempo era distinto del de aquí, en la tierra. Cada fracción de segundo pertenecía a un ciclo de tiempo diferente. Los habitantes de aquel planeta no tenían nombres. No se vestían como nos vestimos aquí. No habían nacido allí ni daban a luz allí. Su respiración estaba ritmada por las leyes de otra naturaleza. No vivían ni morían según las leyes de este mundo. Sus nombres eran números [...]. Los veo, me miran, los veo.»

Primo Levi, nacido en Turín, en 1919, deportado también a Auschwitz, en 1943, escribe en *Si esto es un hombre*, en 1947: «Imaginaos ahora un hombre a quien, además de a sus personas amadas, se le quiten la casa, las costumbres, las ropas, todo, literalmente todo lo que posee: será un hombre vacío, reducido al sufrimiento y a la necesidad, falto de dignidad y de juicio, porque a quien lo ha perdido todo fácilmente le sucede perderse a sí mismo; hasta tal punto que se podrá decidir sin remordimiento su vida o su muerte prescindiendo de cualquier sentimiento de afinidad humana; en el caso más afortunado, apoyándose meramente en la valoración de su utilidad. Comprenderéis ahora el doble significado del término "Campo de exterminio", y veréis claramente lo que queremos decir con esta frase: tocar fondo.» Y más adelante añade: «Hemos viajado hasta aquí en vagones sellados; hemos visto partir hacia la nada a nuestras mujeres y a nuestros hijos; convertidos en esclavos hemos desfilado cien veces ida y vuelta al trabajo mudo, extinguida el alma antes de la muerte anónima. No volveremos. Nadie puede salir de aquí para llevar al mundo, junto con la señal impresa en su carne, las malas noticias de cuanto en Auschwitz ha sido el hombre capaz de hacer con el hombre.»

Como cualquier acontecimiento histórico, el genocidio de los judíos ha suscitado debates y controversias. En principio, sobre su lugar y su significado: ¿fue algo único? ¿Hay que ver en él la prueba de un antisemitismo eterno? ¿Qué enseñanzas morales podemos extraer de él? Después, sobre su «utilización»: aquí llegamos otra vez a las orillas del conflicto palestino-israelí. Por fin, y es lo más espantoso, sobre su propia «existencia»: una corriente «negacionista» pretende que el genocidio no tuvo lugar nunca, que las cámaras de gas son una invención de los judíos, o de los sionistas, para despertar piedad y solidaridad con Israel.

Abordemos por orden estas preguntas. El genocidio de los judíos (o *Shoah*) —no emplearé el término «Holocausto», que implica un sacrificio religioso de las víctimas— se inscribe en el conjunto de la estrategia nazi. Ésta no se dirigió exclusivamente contra los judíos, aunque fueron sus principales víctimas. Además de los gitanos ya mencionados, los eslavos, y en especial los polacos, la sufrieron igualmente. Si Hitler hubiese vencido, habría extendido su política de exterminio a todos los que los nazis consideraban «sub-hombres». Como señala el periodista israelí Boaz Evron, el antisemitismo estaba «en el corazón del sistema de exterminio, pero dicho sistema era más vasto; se trataba de un sistema de "selección" llevado al infinito, una institución fundamental y permanen-

98

te del imperio nazi». Y añade: «La matanza de los judíos de Europa no es un fenómeno propio de la historia judía exclusivamente, sino que forma parte del derrumbamiento total del sistema europeo [...]. Los judíos no son una raza aparte y que difiere radicalmente del resto de los seres humanos, como querían los nazis y como quieren nuestros supernacionalistas.» Para muchos sionistas, en efecto, el genocidio de los judíos se explicaría tan sólo por el odio «eterno» hacia el «pueblo elegido»; no podría, pues, compararse con otros genocidios, ni inscribirse en la historia europea de los años teinta.

Quisiera enfocar este debate desde otro ángulo. En sus reflexiones sobre los «engaños de la memoria», el filósofo Tzvetan Todorov explica que si el trabajo de recuperación del pasado es importante, lo es más todavía el uso que de él hacemos. El suceso recobrado, afirma, puede leerse de manera «literal» o de manera «ejemplar». En el primer caso, el hecho traumatizante —en este caso, el genocidio de los judíos— permanece cerrado en sí mismo, es incomparable, de él no extraemos ninguna enseñanza para la vida actual; sigue siendo impenetrable para quien no pertenece al grupo perseguido. En el segundo caso, por el contrario, decidimos «utilizarlo [y servirnos de él] como un modelo para comprender situaciones nuevas».

¿Un poco abstracto? Tratemos de volver a pisar suelo, el de la Tierra Santa. El historiador judío Tom Segev, ya citado, resume las dos lecciones contradictorias que puede extraer la sociedad israelí del genocidio de los judíos: 1) Nadie tiene derecho a «recordar a los israelíes imperativos morales como el respeto de los derechos humanos», puesto que los judíos han sufrido demasiado y los gobiernos extranjeros han sido incapaces de acudir en su ayuda. 2) Se puede, por el contrario, pensar que el genocidio «conmina a todo el mundo a preservar la democracia, combatir el racismo, defender los derechos humanos». Este debate se da en toda comunidad traumatizada. Contra los recovecos de la identidad, debemos sacar del genocidio de los judíos una lección humanista, universal. «Vosotros no podéis comprenderlo...», dicen algunos judíos. Sí, precisamente, podemos comprenderlo. El genocidio de los judíos no es un hecho inaccesible a los que no son judíos, no incumbe sólo a los judíos, sino a todos los seres humanos. Forma parte del patrimonio común de la humanidad. Tenemos que reflexionar al respecto, justamente porque nos interroga acerca de nuestra «humanidad». ¿Cómo, por ejemplo, millones de seres humanos pudieron participar sin rechistar en el funcionamiento del enorme complejo industrial de los campos de exterminio? ¿Estamos nosotros, tal como somos, protegidos contra eso? Aquí no se trata de saber lo que haríamos en la misma situación –la Historia no se repite–, sino de preguntarnos por qué, después del genocidio de los judíos, el siglo XX pudo conocer aún tantas monstruosidades. Marek Edelman, que fue uno de los jefes de la insurrección del gueto de Varsovia en 1943, dijo esta frase a propósito de la guerra en Bosnia-Herzegovina: «Es una victoria póstuma de Hitler.»

Tzvetan Todorov subraya que no se opera una amalgama fácil entre el genocidio y los acontecimientos de la ex Yugoslavia, pero resalta lo que aproxima a ambos sucesos, la «purificación étnica».

Desde este punto de vista, cabe preguntarse sobre el carácter «ritual» de la conmemoración del genocidio de los judíos, a menudo desconectada de cualquier enseñanza moral concreta vinculada con el mundo en que vivimos. A fuerza de querer convertirlo en un acontecimiento aparte, le arrebatamos toda dimensión pedagógica.

El debate sobre la guerra de Argelia debería, sin embargo, inducirnos a pensar más globalmente. La colonización se basaba en una «jerarquización» de las civilizaciones, en la teoría de la evolución aplicada a las sociedades humanas. En el siglo XIX, esta doctrina de la supremacía se vio reforzada por la invención del concepto de «raza», investido de toda la aureola de la ciencia positivista. «Ninguna filantropía o teoría racial puede convencer a personas razonables de que la conservación de una tribu de cafres de Sudáfrica es más importante para el porvenir de la humanidad que la expansión de las grandes naciones europeas y de la raza blanca en general», escribía un teórico alemán, Paul Rohrbach, en un gran éxito de ventas publicado en 1912, *Der deutsche Gedanke in der Welt* [El pensamiento alemán en el mundo]. Esta visión de la gradación racial contribuyó también al nacimiento del antisemitismo moderno, en el que Hitler basó su política de exterminio. Explicar esta «correlación» permitiría, por ejemplo, que los jóvenes originarios del Magreb o del África negra comprendiesen mejor, a su vez, en qué les concierne la historia de la Segunda Guerra Mundial: sus padres y abuelos han sido víctimas de las mismas teorías delirantes y criminales que los judíos.

El genocidio es transpuesto al corazón del conflicto palestino-israelí. Como todos los sucesos históricos, está «instrumentalizado», utilizado con fines políticos. Para los sionistas constituye la prueba de la necesidad de Israel como refugio de los judíos del mundo. Sirve asimismo para «intimidar» a los críticos del Estado de Israel, tachándoles de antisemitas más o menos camuflados, y para robustecer la solidaridad de las opiniones públicas occidentales. Es preciso, desde luego, rechazar ese chantaje... Pero nada sería más nefasto que reducir la memoria judía –o incluso israelí– del genocidio a simple propaganda. Muchos israelíes tienen verdadero miedo, a pesar de la superioridad indiscutible de su país. Vivieron con angustia la crisis de 1967 –en vísperas de la Guerra de los Seis Días contra Egipto, Siria y Jordania–, angustia acrecentada por los llamamientos incendiarios de las radios árabes. Creen detectar en esas declaraciones una filiación con la propaganda de los nazis. Y, a veces, no puede sino reforzar ese sentimiento la acogida que reciben en el mundo árabe determinados apóstoles del negacionismo.

Por otra parte, en los últimos meses he participado en numerosos debates, sobre todo con jóvenes franceses musulmanes, a la vez sobre el drama palestino y en torno al libro de diálogos que he escrito con

Tariq Ramadan, *L'Islam en questions* [El islam en preguntas]. En ocasiones he percibido congoja por el genocidio de los judíos, su utilización, su lugar en la historia. No hay que dejar que se infiltre la confusión sembrada por los negacionistas.

## ROGER GARAUDY Y EL NEGACIONISMO

Resumamos las fábulas que ellos divulgan, recordadas por Pierre Vidal-Naquet: el genocidio es un «mito» y las cámaras de gas una invención. Uno de los portavoces de este «secta», Robert Faurisson, afirma: «Hitler nunca ordenó ni admitió que se matara a alguien por causa de su raza o su religión.» La «solución final» se limitaría a la expulsión de los judíos hacia el Este y el número de víctimas no habría excedido de unos cientos de miles. Este grupo, desde su origen, estuvo vinculado con los nostálgicos del nazismo, los defensores de la extrema derecha y del antisemitismo. Entre sus filas también figuran cantidad de iluminados, de ingenuos, de majaderos. En Francia, cuenta con algunos tránsfugas de la extrema izquierda animados por una hostilidad radical hacia el sionismo e Israel.

El 13 de julio de 1990, Francia aprobó la ley Gayssot, que modifica la ley sobre la libertad de prensa mediante el añadido del artículo 24 bis: es punible con sanciones (un año de prisión y multa de 300.000 francos, además de diversas penas anejas) quienquiera que cuestione «la existencia de uno o varios crímenes de lesa humanidad tal como los define el artículo 6 del estatuto del Tribunal Militar Internacional anexo al acuerdo de Londres de 8 de agosto de 1945, y que hayan sido cometidos ya por los miembros de una organización declarada criminal, en aplicación del artículo 9 de dicho estatuto, ya por una persona reconocida culpable de tales crímenes por una jurisdicción francesa o internacional». En lenguaje más transparente, no existe el derecho de negar la existencia de «crímenes contra la humanidad», y en especial del genocidio de los judíos.

¿Es necesario un texto semejante? En Estados Unidos, el derecho a expresar opiniones racistas, a negar el genocidio, está garantizado por la Constitución. En Francia, no. Cada una de las soluciones tiene sus ventajas y sus inconvenientes. No estoy seguro de que me resignase a que se puedan formular, en la televisión, por ejemplo, comentarios hostiles a los árabes, a los negros o a los judíos. Por otro lado, condenar a alguien por negar el genocidio de los judíos puede inducir a creer que existiera una verdad de Estado «por encima de todo debate» y que asfixiaría el trabajo de los historiadores.

Una «verdad» así, que escape a la investigación, no existe ni en Francia ni en ninguna otra parte del mundo occidental. Entre 1990 y 1995 se publicaron casi tantas obras sobre la persecución y el exterminio de los judíos como desde 1945 a 1985. Innumerables estudios puntuales han permitido esclarecer los mecanismos del exterminio, la situación en los campos, las categorías de las poblaciones afectadas. Numerosas discrepancias dividen a los historiadores. Algunos consideran que la política antisemita seguía un recorrido balizado, definido desde el principio en *Mein Kampf* y que conducía a un objetivo claro: el exterminio de los judíos. Otros recalcan la vaguedad de las intenciones de los nazis y recuerdan que hicieron falta años de debates, de tergiversaciones, de enfrentamientos entre los centros de poderes rivales, bajo el arbitraje de Hitler, para que se impusiera la «solución final».

¿Por qué, a despecho de todas las pruebas disponibles, hay gente que sigue negando la existencia del genocidio? Los «negacionistas» no son el único grupo cuyas teorías se resisten a la realidad. Millones de norteamericanos piensan que su gobierno y el mundo están infiltrados de extraterrestres. Desde hace una decena de años, algunos, entre ellos científicos acreditados, sostienen que el VIH no es el causante del sida. Pero las tesis de Robert Faurisson y de sus adeptos se nutren del antisemitismo tradicional y, más recientemente, se aferran a la crítica radical del Estado de Israel. El razonamiento es el siguiente: Israel utiliza el genocidio para asentar su legitimidad, y por lo tanto hay que negar aquél para privarle de ésta. Estas tesis han conocido un rebrote de interés en Francia y en el mundo árabe gracias a Roger Garaudy.

El itinerario de este hombre es, como poco, sorprendente: comunista y estalinista en los años cincuenta y sesenta, «renovador comunista» en el decenio de 1970, a continuación queda fascinado por el cristianismo antes de convertirse al islam. Convicciones fuertes, pues, pero poco duraderas. En 1996 publica una obra titulada *Los mitos fundacionales del Estado de Israel*. En virtud de la ley Gayssot, es condenado por los tribunales franceses por «cuestionar crímenes contra la humanidad». Numerosos intelectuales árabes y franceses musulmanes han considerado que esta sentencia es un juicio por brujería, una prueba de la influencia sionista en Francia.

A diferencia de la mayoría de los miembros de la «secta» de los negacionistas, Garaudy se desmarca del antisemitismo tradicional. Denuncia, por ejemplo, que son falsos *Los protocolos de los sabios de Sión* y saluda la memoria de los «mártires del levantamiento del gueto de Varsovia». Pero le mueve una hostilidad visceral hacia el Estado de Israel, una inquina que le ciega y le granjea numerosas simpatías en el mundo árabe. ¿Hay que festejar a Jean-Marie Le Pen porque denuncia el bloqueo contra Irak a pesar de sus diatribas antiárabes?

«Los mitos del siglo XX»: así se titula el capítulo tercero del libro de Garaudy. Él, que fue antifascista, ¿ha olvidado que se trata del título de un clásico del ideólogo nazi Alfred Rosenberg? «¿Hubo, durante la guerra, un "genocidio" de los judíos"?», se pregunta nuestro autor. No, responde; no «se trata de la aniquilación de todo un pueblo», puesto que el judaísmo «experimentó un auge considerable en el mundo desde 1945». Así pues, no hubo un genocidio de los armenios porque han sobrevivido armenios, ni el genocidio de los tutsis ni el de los jémeres... Con un razonamiento así, también se podría decir que los palestinos no fueron expulsados en 1948, puesto que algunos pudieron quedarse en sus hogares...

Hitler era, por supuesto, hostil a los judíos, prosigue Roger Garaudy, pero no quería exterminarlos. La «solución final» se limita a ser una deportación hacia el Este que se realizó en condiciones terribles: marchas forzadas, hambrunas, privaciones, epidemias, etcétera. No existió nunca, por tanto, maquinaria de exterminio. Y acomete una contabilidad macabra para demostrar que las estimaciones del número de víctimas han variado en el curso de los años. Es cierto que, por lo que respecta al número de muertos en Auschwitz, las cifras han oscilado entre cuatro millones al final de la guerra y un millón hoy en día. ¿Es de extrañar? ¿Se conocía el número exacto de muertos durante la guerra de Argelia en 1962? Y lo mismo es cierto en el caso de varios otros conflictos. Pero, en el del genocidio de los judíos, el número casi se ha detenido: cerca de seis millones, la mitad en las cámaras de gas, un millón de muertos por disparos de balas (sobre todo en el frente del Este), y los demás perecieron en los guetos y por culpa de malos tratos, desnutrición, etc. Es el resultado de incontables trabajos, que Garaudy desconoce por completo. Su texto se limita a pegar citar sacadas de su contexto, procedimiento que emplea para «demostrar», a la postre, que las cámaras de gas nunca existieron. De este modo, en su sentido propio, Roger Garaudy es un negacionista al que nada separa de Robert Faurisson y todos sus acólitos antisemitas. Al condenarle, las autoridades francesas lo convirtieron, en opinión de algunos, en una víctima. Pero es lamentable que intelectuales europeos o árabes hayan podido defender su «derecho a la expresión» sin condenar las tesis de las que se erige en propagandista.

Sin embargo, toda crítica de la política israelí o incluso del sionismo no equivale a la expresión de un antisemitismo o de una actitud negacionista. Hay que rechazar toda clase de chantaje, como el que ejerce Patrick Gaubert, presidente de la Liga Internacional contra el Racismo y el Antisemitismo (LICRA), en un artículo de opinión publicado en *Le Figaro* el 7 de junio de 2001. Denuncia la escalada de actos antisemitas en Francia y la enfermedad que causa estas «peligrosas metástasis»: «Conocemos el mal. El antisionismo, vasta y borrosa empresa intelectual y política –cuando no racista–, tiende a no reconocer el derecho del pueblo judío a regresar a la tierra de sus antepasados o, más concretamente, el derecho de Israel a existir.» El lector ya lo habrá entendido, ¡el libro que tiene ahora mismo en las manos participa en una empresa antisemita!

Para concluir estas reflexiones, citaré al intelectual norteamericano-palestino Edward Said: «La tesis según la cual el Holocausto no sería más que una invención de los sionistas circula por aquí y allá de una forma inaceptable. ¿Por qué esperamos que el mundo entero tome conciencia de nuestros sufrimientos como árabes si no estamos en condiciones de tomar conciencia de los de los otros, aun cuando se trate de nuestros opresores, y si nos mostramos incapaces de afrontar los hechos en cuanto perturban la visión simplista de intelectuales bienpensantes que se niegan a ver el lazo que existe entre el Holocausto e Israel? Decir que debemos tomar conciencia de la realidad del Holocausto no significa en absoluto aceptar la idea de que el Holocausto disculpa al sionismo del mal infligido a los palestinos. Por el contrario, reconocer la historia del Holocausto y la locura del genocidio contra el pueblo judío nos confiere crédito en lo que respecta a nuestra propia historia; nos permite exigir a los israelíes y a los judíos que establezcan un vínculo entre el Holocausto y las injusticias sionistas impuestas a los palestinos.»

## MATANZAS Y «TRASLADO»

¿Injusticias cometidas contra los palestinos? Durante decenios, un debate ha enfrentado a los dos bandos sobre el drama de los refugiados. Ya lo he mencionado: durante la guerra de 1948-1949, entre 700.000 y 800.000 palestinos «abandonaron» sus hogares y se transformaron en «refugiados». Se encontraron instalados en campamentos de lona, a menudo agrupados por pueblos, por barrios. No somos responsables de su suerte, machacaba David Ben Gurión, que rechazaba cualquier idea de «retorno». Al abandonar sus tierras, los palestinos habrían respondido a los llamamientos de los ejércitos de invasión árabes, que deseaban tener el campo libre. Sin embargo, numerosos palestinos, y en especial historiadores como Walid Jalidi, aseguraban ya en los años sesenta que su pueblo había sido víctima de lo que actualmente llamaríamos una «limpieza étnica». Está claro que este debate no es meramente teórico. Reconocer que los palestinos han sido expulsados supone aceptar que tienen derecho, como cualquier pueblo víctima, a «reparaciones», morales y materiales. Para Israel y su opinión pública, supone aceptar la renuncia, en parte, a su estatuto de «víctima única».

El Estado judío habla con frecuencia de la «pureza de las armas», pero las armas nunca son puras. Y los ejércitos victoriosos todavía menos... Los vencedores están a menudo tan embriagados por su éxito, por su superioridad, que ello le inducen a cometer lo que la ley internacional denomina «crímenes de guerra». Aquí no se trata de afirmar que un solo bando hubiese cometido exacciones en 1948-1949. Así, algunos días después de la matanza de Deir Yassin, de la que volveré a hablar, un convoy que servía de lanzadera entre el sector judío de Jerusalén y el monte Scopus, que transportaba a una serie de médicos y enfermeras judíos, cayó en una emboscada: cerca de 80 personas murieron. Aquí tampoco establezcamos una contabilidad macabra. Pero insistamos en dos elementos: los grupos sionistas y luego el joven ejército israelí perpetraron un gran número de masacres, de las que algunas yacen todavía sepultadas en documentos clasificados como «confidenciales»; los palestinos fueron objeto de una política sistemática de expulsión, justificada por una determinada concepción del «Estado judío».

Comencemos por las matanzas. La más conocida es la de Deir Yassin, perpetrada el 9 de abril de 1948. Ese día, los grupos disidentes del Irgún y del Lehi, apoyados por la Haganá, se apoderan de este pueblo cercano a Jerusalén. Asesinan entre 100 y 110 personas –durante mucho tiempo se citará la cifra de 250–, entre ellas muchas mujeres y niños. La carnicería es inmediatamente condenada por la Agencia judía, que presenta disculpas, y atribuida a los grupos disidentes, mientras que la Haganá se esfuerza en disimular que ha participado en la operación. Este acontecimiento acelera el éxodo de los palestinos, aterrorizados por el avance de las milicias judías.

Pero si Deir Yassin es una matanza que ha hecho correr mucha tinta, incluso en Israel, no ha sido la única. Gracias a la perseverancia obstinada de historiadores palestinos, así como al trabajo de sus colegas israelíes en los archivos, nuevas carnicerías han aflorado a la superficie. Sólo citaré dos, de las que informa en su diario Joseph Nachmani, un alto dirigente de la Haganá. Habla de «los actos crueles cometidos por nuestros soldados»: «Entraron en el pueblo de Safsaf, cuyos habitantes habían izado la bandera blanca. Separaron a las mujeres de los hombres, ataron las manos de unos 50 o 60 campesinos y los mataron, enterrándolos en una fosa común. Violaron también a muchas mujeres [...]. En Salha, que también había izado la bandera blanca, perpetraron una auténtica carnicería, matando a unas 60 o 70 personas, mujeres y hombres. ¿De dónde sacaron semejante crueldad, equivalente a la de los nazis? La aprendieron de ellos.»

El historiador Benny Morris, uno de los pioneros de la «Nueva Historia» en Israel, ha publicado estas revelaciones. Observa que Nachmani, jefe militar y activo dirigente sionista, calificado por un periodista de «asesino sin lágrimas», resume la paradoja de Israel: «El sionismo siempre ha tenido dos caras. La primera constructiva, moral, apta para la transacción; y otra destructiva, egoísta, militante, chovinista-racista. Las dos son sinceras y reales.»

Es un hecho terrible. Una proporción no desdeñable de los combatientes de la guerra de 1948-1949 eran supervivientes de los campos de la muerte nazis. Algunos extrajeron de allí malas enseñanzas... Yo establecería un paralelo con la guerra de Argelia. El general Paul Aussaresses ha sido sin duda un hombre valiente; participó en operaciones de la resistencia sumamente peligrosas en la Francia ocupada. Acaba de publicar sus memorias, en las que reconoce haber torturado o matado con su propia mano a decenas de resistentes argelinos... Arié Biro, evadido de Auschwitz, era el comandante de un grupo de paracaidistas israelíes durante la campaña de 1956; junto con sus hombres, asesinó a una cincuentena de prisioneros de guerra egipcios. Admite los hechos. Un periodista le dice: «¡Era un crimen de guerra!», y él responde: «De acuerdo, ¿y ahora qué?» No hubo nada más, ni investigación ni juicio.

Los atrocidades de que he hablado aceleraron evidentemente el éxodo de los palestinos. Pero volvamos al principio. Tras la votación del plan de partición de Palestina, en noviembre de 1947, estallan en el lugar los primeros enfrentamientos. Y, con ellos, una primera hornada de palestinos, en especial de las capas acomodadas, emigra hacia los países vecinos. Estas partidas contribuyen a desorientar a una población todavía traumatizada por la represión de 1936-1939. El auténtico éxodo comienza en abril de 1947. Varios factores lo explican naturalmente: miedo a los combates y a las represalias, intención de poner a salvo a la familia, temor de encontrarse aislado en una región de mayoría judía, etc. La situación y la actitud de las tropas judías y, a continuación, israelíes, han variado también según las épocas. En Haifa, por ejemplo, en la primavera de 1948, son los dirigentes palestinos, asustados por la ofensiva de la Haganá, los que deciden partir y exhortan a la población a seguirles.

Pero ya está verificado el hecho de que un porcentaje sustancial de palestinos hubiera sido expulsado *manu militari*, sobre todo después de abril de 1948. Limitémonos a algunos ejemplos. En primer lugar el de las ciudades de Lydda y Ramleh, conquistadas en julio de 1948. En sus memorias, Isaac Rabin, el mismo que estrechará la mano de Yaser Arafat en septiembre de 1993, cuenta: «Salíamos con las tropas de Ben Gurión. Allon [Ygal, comandante del frente sur] repitió la pregunta: "¿Qué tenemos que hacer con la población?" Ben Gurión agitó la mano con un gesto que significaba: "Expulsadla." Allon y yo deliberamos juntos. Yo estaba de acuerdo con él en que era esencial expulsarla [...] La población no abandonó voluntariamente los lugares. No había más remedio que utilizar la fuerza y los disparos de advertencia para obligar a los habitantes.» Este pasaje será censurado en la versión definitiva de las memorias, pero lo reproduce el *New York Times* del 23 de octubre de 1979. En total, 70.000 personas serán expulsadas así de Lydda y de Ramleh, es decir, el 10 % de los refugiados. «Decidimos purificar Ramleh», dirá más tarde David Ben Gurión.

Otro ejemplo, revelado más recientemente por Benny Morris, se desarrolla durante la operación *Hiram*, en octubre de 1948, en la parte central de la Alta Galilea. El resultado de la guerra no da lugar a dudas. Benny Morris encontró órdenes explícitas de expulsión. Moshé Carmel, un dirigente militar, telegrafía a todos los comandantes locales: «Haced todo lo que esté en vuestra mano para limpiar rápida e inmediatamente a todos los elementos hostiles de las zonas conquistadas, de acuerdo con las órdenes que han sido impartidas. Hay que ayudar a los habitantes a abandonar las zonas conquistadas.» Benny Morris muestra de este modo que, en el curso de esta operación, las matanzas no fueron solamente actos incontrolados, sino que parecían responder a una directriz encaminada a sembrar el terror. Por último, tras finalizar los combates, se efectuaron numerosas operaciones de expulsión que afectaron, como mínimo, a 20.000 personas. Fueron acompañadas de la destrucción de 470 pueblos palestinos.

A partir de junio de 1948, el gobierno israelí, en una reunión cuyas actas siguen estando selladas por el «secreto de defensa», decide prohibir todo retorno de los refugiados en nombre de la «seguridad interior»:

el mismo argumento que esgrimen, por ejemplo, los serbios y los croatas en las regiones de Bosnia que controlan, para rechazar el regreso de los musulmanes refugiados.

¿Fue impartida una orden central de expulsión? Contrariamente a los historiadores palestinos y a algunos de sus colegas, Benny Morris lo niega. Hasta abril de 1947, y con la aplicación del plan Dalet, los comandantes sobre el terreno no reciben «carta blanca». Esta directriz militar preconiza «operaciones contra los centros de población enemiga situados dentro de nuestro sistema de defensa o en las proximidades [...]. Estas operaciones pueden llevarse a cabo de la forma siguiente: o bien destruyendo pueblos (incendiándolos, dinamitándolos y depositando minas entre sus escombros), y especialmente en el caso de poblaciones difíciles de dominar; o bien organizando operaciones de limpieza y de control [...]. En caso de resistencia, la fuerza armada debe ser destruida y la población expulsada fuera de las fronteras del Estado». Benny Morris ha descubierto hace poco una orden de la Haganá, con fecha de 24 de marzo de 1948, pidiendo a los soldados que se comporten bien con los palestinos. Utiliza este texto en apoyo su tesis: hasta después de abril de 1948, a raíz de derrotas militares, no se despliega una estrategia de expulsión. En el momento en que empiezan los combates, los dirigentes sionistas no piensan en absoluto en «deshacerse» de los palestinos.

Sin embargo, muy pronto, numerosos líderes y pensadores sionistas abogan por el «traslado». El historiador palestino Nur Masalha ha escrito dos libros sobre el lugar que ocupa esta idea en el pensamiento sionista desde los orígenes hasta nuestros días. Los ejemplos abundan. El propio Herzl anota en su diario, en 1895: «Tenemos que expropiarles amistosamente. El proceso de expropiación y desplazamiento de los pobres debe realizarse de una forma secreta y a la vez prudente.» Esta idea es consustancial con la del Estado judío: para poblar Palestina de millones de inmigrantes, hay que hacerles hueco. Además, en 1937 se ve ratificada, como he dicho en el capítulo II, por la comisión Peel, que preconiza la partida de más de 200.000 árabes. Ben Gurión considera que este «traslado forzoso» es uno de los puntos más novedosos del informe. En mayo de 1914, declara que «el traslado de los árabes es más fácil que cualquier otro tipo de traslado. Hay Estados árabes en la región [...]. Es evidente que si árabes [de Palestina] son enviados [a países árabes], eso mejorará nuestra situación, no al contrario». Todo lo demuestra, un consenso une a los principales dirigentes sionistas acerca de este tema. En estas circunstancias, ¿es necesaria una «orden central»?

En suma, una proporción no desdeñable de palestinos fue expulsada y otros partieron por motivos complejos. Pero, incluso en este caso, hay que recordar que toda persona que huye de los combates tiene derecho a regresar a su hogar: es un principio fundamental del derecho internacional que la ONU se esfuerza en poner en obra, por ejemplo, en la antigua Yugoslavia. Para los palestinos, la Resolución 194 de la Asamblea General de la ONU lo ha reafirmado el 11 de diciembre de 1948: «Conviene permitir a los refugiados que lo deseen el retorno a sus hogares lo más pronto posible y que vivan en paz con sus vecinos, y deberán pagarse indemnizaciones a modo de compensación por los bienes de los que decidan no regresar a sus hogares y por todo bien perdido o dañado [...].»

En 2001, la ONU registra a 3,7 millones de palestinos refugiados. Su sombra pesa sobre el porvenir de la región. En el capítulo siguiente volveré a hablar de las soluciones posibles a este problema, pero ante todo es vital que tanto la comunidad internacional como Israel reconozcan la injusticia que se ha cometido con ellos. Su drama merece un reconocimiento moral. Se trata asimismo de garantizar que un crimen semejante no pueda volver a producirse. Además, el mundo árabe deberá reconocer a Israel en sus fronteras de 1967, y los palestinos tener en cuenta la realidad del sufrimiento judío. Yaser Arafat lo ha comprendido, al querer asistir, en enero de 1995, al quincuagésimo aniversario de la liberación del campo de Auschwitz... ¿Por qué los organizadores no aceptaron su presencia?

# VI. ¿UNA GUERRA MÁS? (1950-2001)

«Cuando el polvo vuelva a caer sobre la próxima guerra palestino-israelí o árabe-israelí, los vencedores seremos, sin duda, nosotros. Y usted, señor primer ministro, surgirá del humo del campo de batalla para pronunciar los elogios más brillantes delante de tumbas recién cavadas. Podrá incluso persuadir a muchas personas de que se trataba de la guerra más justificada de todas las guerras libradas por los judíos. Será una guerra en la cual ganaremos todas las batallas, pero esas victorias no nos llevarán a ninguna parte, más que el punto de partida. ¿Quién mejor que usted sabe que, cuando se haya terminado la última batalla y estemos de nuevo obligados a sentarnos a la mesa de negociaciones con los palestinos y los representantes de los países árabes, con los norteamericanos, los europeos, tendremos que debatir sobre las mismas y dolorosas cuestiones territoriales, de Jerusalén y del derecho al retorno de los refugiados?» Así se expresaba, a fines del 2000, Shaul Mishal, profesor de ciencias políticas en la universidad de Tel Aviv, en una carta abierta al primer ministro Ehud Barak, titulada «Un minuto antes de la próxima guerra». Su razonamiento implacable se basa en cincuenta años de una historia dolorosa.

Año 1950. Israel existe en fronteras ampliadas; su población se ha duplicado entre 1948 y 1951; el Estado, reconocido internacionalmente, se adhiere a la Organización de las Naciones Unidas. En adelante es un hecho, un hecho consumado, a pesar de la negativa árabe a reconocerlo. Palestina, por su parte, ha desaparecido del mapa geográfico, pero también del político. Los palestinos se han dispersado; algunos se han convertido en ciudadanos de Israel, otros de Jordania, centenares de miles se pudren en los campos, en el exilio.

La historia habría podido detenerse ahí. Conocemos múltiples ejemplos de pueblos fulminados, borrados de la faz de la tierra, ya por exterminio, ya por asimilación a otros. Moshé Sharett, ministro israelí de Asuntos Exteriores, explicaba en 1948: «Los refugiados palestinos encontrarán su sitio en la diáspora. Gracias a la selección natural, algunos resistirán y otros no [...]. La mayoría se convertirá en un desecho del género humano y se fundirá con las capas más pobres del mundo árabe.» En apoyo de esta hipótesis, podríamos mencionar los intercambios masivos de población que se sucedieron tras la Segunda Guerra Mundial: millones de alemanes fueron expulsados hacia el oeste por el nuevo trazado de las fronteras; millones de personas se cruzaron en las carreteras cuando se produjo la división de la India y la creación de Pakistán, en 1947.

Para los palestinos, las cosas han seguido otro curso. ¿Por qué? ¿Porque los Estados árabes han rechazado su integración? Si bien la política de estos gobiernos con respecto a los refugiados no ha sido siempre (ni es) muy hospitalaria –ha variado, según los países y según las épocas–, es ante todo la negativa terca, testaruda, a renunciar de esos centenares de miles de campesinos y aldeanos lo que explica este estado de cosas. Esa negativa se cimentaba en una idea, la de un «retorno» rápido a sus hogares. El exilio, suponían, sólo iba a durar algunos meses, los ejércitos árabes iban a rehacerse, un milagro se produciría. Pero su obstinación también demostraba una identidad arraigada que la desgracia de los campos y los desgarramientos del exilio habrían de fortificar. Una nueva generación de militantes ha transformado ese sentimiento difuso en una fuerza política: el renacimiento de los palestinos se ha esbozado.

Se desarrolla en el contexto radicalmente nuevo de los años cincuenta y sesenta. Dos líneas de fractura dividen el mundo desde 1917: una que opone los países capitalistas a la Unión Soviética, y luego, a partir de 1945, a lo que se llamará el «campo socialista»; otra que separa a Occidente de los países colonizados, a los que se designará más adelante con la expresión «Tercer Mundo» o «Sur». En 1945, el Norte domina el planeta, algunos países sojuzgan a la mayor parte del continente africano, el Oriente Próximo, Indochina, India, etc. En veinte años, el planisferio ha sido puesto patas arriba: uno tras otro los pueblos conquistan su independencia, decenas de Estados nuevos fuerzan las puertas de la ONU, el movimiento de los No-Alineados, fundado en 1955 en Bandung (Indonesia), cobra impulso. Tanto en Argelia como en Vietnam, la liberación se perfila en la boca del fusil. En Hispanoamérica, siguiendo el ejemplo de Cuba, surgen guerrillas contra los regímenes militares o pronorteamericanos. Los años cincuenta y sesenta son los de las revoluciones, de LA revolución. Occidente encarna el pasado, el porvenir será de la revolución, del socialismo.

El mundo árabe no es una excepción. Movimientos populares sacuden los tronos derrocados por oficiales treintañeros. Gamal Abdel Nasser y los «oficiales libres» toman el poder en El Cairo el 23 de julio de 1952, Abdel Karim Kassem derriba a la monarquía en Bagdad el 14 de julio de 1958. El desastre de la expedición de Suez en 1956 señala el derrumbamiento de los sueños de recuperación británicos y franceses. La fusión de Egipto y Siria en un solo Estado, con el nombre de «República Árabe Unida», en 1958, desata olas de esperanza. La Voz de los Árabes, la radio cairota, llama a la unidad, desde Marruecos hasta el golfo Árabo-Pérsico, desde Sudán hasta Libia. Los palestinos vibran con los discursos de Nasser, con sus homéricas carcajadas en forma de desafío a los «imperialistas». Argelia accede a la independencia en 1962.

En este contexto de radicalización, y mientras que las señales de paz emitidas por los «oficiales libres» o por otros dirigentes árabes en dirección a Israel no producen eco, se abre una era de sobrepujas. Nasser, el dirigente más popular de la región, a la cabeza del Estado más poderoso, choca con los otros centros de poder en el mundo árabe: con los países «reaccionarios», como Arabia Saudí o Jordania, pero también con los que han elegido una vía revolucionaria, como el Irak de Kassem. En esta competición, Palestina se convierte en un envite. ¿Quién la defenderá mejor? ¿Nasser o Kassem? Se activa una dinámica. En septiembre de 1963, la Liga Árabe coopta como «representante de Palestina» a Ahmed Choukeyri, «hasta que el pueblo palestino esté en condiciones de elegir a sus representantes». La primera cumbre de jefes de Estado árabes, reunida en El Cairo del 13 al 17 de enero de 1964, decide sentar las bases de una «entidad palestina». El 28 de mayo comienza en Jerusalén el primer Congreso Nacional Palestino, que marca la creación de la Organización de Liberación de Palestina (OLP).

La OLP está bajo la tutela de los países árabes, en especial de Egipto. No puede decidir sola su estrategia ni definir sus ambiciones o sus medios de lucha. Pero no se reduce a un simple instrumento. Una generación de militantes palestinos se ha desembarazado de la miseria de los campos. Se ha educado en las escuelas de la UNRWA, la oficina de la ONU encargada de los refugiados palestinos, ha frecuentado las universidades de El Cairo o de Beirut. Especula sobre las causas de la derrota de sus mayores y milita activamente em pro de la «revancha». En su gran mayoría, espera, como la mayor parte de las élites radicales de la región, que la unidad árabe permita la «liberación de Palestina». La creación de la OLP responde, pues, a esas aspiraciones.

Paralelamente emergen pequeñas organizaciones palestinas más autónomas. En los años 50, Kuwait emprende una política de desarrollo gracias a sus riquezas petroleras. Numerosos palestinos emigran al emirato en busca de trabajo. Ocupan puestos de funcionarios, de médicos, de maestros. Uno de ellos, Yaser Arafat, funda en el mes de octubre de 1959 Al Fatah, cuyo nombre se acuña a partir de las iniciales árabes invertidas de «Movimiento de Liberación de Palestina». Al Fatah explica que la liberación de la patria deberá ser obra de los propios palestinos, y no de los países árabes. La guerra de liberación argelina sirve de modelo. «Lo único que pedimos es que rodeéis [vosotros, los países árabes] Palestina con un cinturón defensivo y que observéis la batalla entre nosotros y los sionistas», se lee en una de sus publicaciones. Desde enero de 1965, Al Fatah emprende acciones armadas contra Israel. Este activismo, en un momento en que los países árabes se contentan con formular declaraciones huecas, le granjea una simpatía creciente entre los refugiados; pero el movimiento no deja de ser marginal hasta la guerra de junio de 1967.

Año 1967. De nuevo, la región zozobra. En seis días, los ejércitos egipcio, sirio y jordano son demolidos por Israel. El conjunto del territorio histórico de

Palestina pasa a ser controlado por Israel; Cisjordania, Gaza y Jerusalén Este se convierten en «territorios ocupados» (Israel conquista también el Golán sirio y el Sinaí egipcio). La derrota de Nasser pone fin a las esperanzas de unidad árabe. Corrobora las tesis de Al Fatah, que afianza su hegemonía entre los palestinos y su control sobre la OLP. Por primera vez desde finales de los años treinta, los palestinos toman las riendas de su destino.

Entre las organizaciones de *fedayin* («los que se sacrifican»), las más conocidas, aparte Al Fatah de Yaser Arafat, son el Frente Popular para la Liberación de Palestina (FPLP), de George Habache, y el Frente Democrático para la Liberación de Palestina (FDLP), de Nayef Hawatmeh. En su opinión, la lucha armada, y en especial la guerra de guerrillas, traza la única vía posible hacia la liberación de Palestina. Se instalan en Jordania, desde donde multiplican los golpes de mano en los territorios ocupados. Un soplo revolucionario barre la región. Jean Genet, el escritor francés que participa en esta odisea fallida, habla de «una revolución grandiosa en forma de ramo artificial, un incendio que salta de banco en banco, de ópera en ópera, de cárcel en juzgado».

Pero la revolución amenaza la estabilidad de los Estados árabes y el dominio de Estados Unidos sobre el petróleo. La debilitan sus divisiones internas, los excesos de los radicales. En septiembre de 1970 (el «septiembre negro»), los *fedayin* son aplastados en Jordania por el rey Hussein. La resistencia palestina se refugia en el Líbano. Por desesperación, y para no

125

desaparecer de la escena internacional, se lanza al terrorismo internacional, simbolizado por la organización Septiembre Negro: secuestros de aviones, ataque contra los atletas israelíes en los Juegos Olímpicos de Munich de 1972, etcétera. Pero, al mismo tiempo, evoluciona, cuestiona la idea de la lucha armada como «única vía para la liberación de Palestina», se zambulle en la acción política y diplomática. Acaba abandonando, en 1973, las «operaciones exteriores», como los ataques contra objetivos israelíes en el extranjero. En las cumbres de Rabat (1973) y de Argel (1974), los países árabes reconocen a la OLP como «el único representante del pueblo palestino». Yaser Arafat es recibido triunfalmente en la ONU. La OLP abre representaciones cuasi diplomáticas en la mayoría de los países del Tercer Mundo, en la URSS, en las «democracias populares» y hasta en algunos países de Europa occidental. Flexibiliza también sus posiciones. Hasta 1967, se limita a la «liberación de toda Palestina» («de conformidad con los términos de su Carta Nacional»), lo que implicaba la expulsión de los «colonos judíos». Pero a partir de 1969 Al Fatah reivindica «la edificación de un Estado democrático en que coexistan musulmanes, cristianos y judíos»: por primera vez desde 1948, los palestinos reconocen que la presencia judía en Palestina es irreversible. A partir de 1974, la OLP propone la construcción de un estado en Cisjordania y Gaza, a pesar de la oposición de un «frente de rechazo» dirigido por la FPLP. Sin que entrañe el reconocimiento *de jure* del Estado de Israel, este nuevo objetivo presupone la coexisten-

126

cia de hecho de los dos Estados. Pero la situación permanece bloqueada: Israel, sostenida por los Estados Unidos, rechaza toda conversación con una «organización terrorista»; algunos de sus responsables niegan incluso la existencia de un pueblo palestino y buscan un arreglo con el rey Hussein: la restitución de una parte de Cisjordania a cambio de la paz.

No recordaré aquí con detalle la historia de los veinticinco años que separan la ocupación de junio de 1967 y la conferencia de Madrid (octubre de 1991) y los acuerdos de Oslo (1993). Quisiera únicamente destacar dos evoluciones. Durante este período, los palestinos se orientan, paso a paso, hacia la aceptación del hecho israelí. Por otra parte, comprueban la solidaridad vacilante de los regímenes árabes; en 1970, los *fedayini* son aplastados por el ejército jordano; en 1975-1976, al comienzo de la guerra civil, lo son en el Líbano por el ejército sirio. Aprenden, con sangre y lágrimas, que sólo pueden contar con sus propias fuerzas, que la fraternidad árabe se limita a proclamas tanto más radicales cuanto que no son seguidas por ningún efecto.

A fines de los años setenta, El Cairo firma «una paz aparte». En octubre de 1973, las tropas egipcias y sirias intentan reconquistar sus territorios ocupados en 1967. Pero tras algunos éxitos iniciales, la «guerra de octubre» (llamada también «guerra del Kippur» o «guerra del Ramadán») termina mal. Anuncia, sin embargo, un giro, puesto que en 1978 desemboca en los acuerdos separados entre Egipto e Israel. El presidente Anuar El Sadat obtiene la evacuación de todo el Sinaí, pero abandona a los palestinos. Por primera vez, el frente árabe se quiebra públicamente. Al abandonar el campo de batalla, Egipto, el más potente de los países árabes, deja las manos libres al gobierno israelí, que invade el Líbano en junio de 1982. La operación es pensada y orquestada por Ariel Sharon, el poderoso ministro de Defensa. La OLP es expulsada y se refugia en Túnez, sus combatientes se dispersan por todo el mundo árabe, mientras que las milicias de la derecha libanesa, bajo la mirada indiferente o cómplice del ejército israelí, perpetran una carnicería entre los habitantes de los campos de Sabra y Chatila. Fin de una época.

En lo sucesivo, el combate palestino se repliega en Cisjordania, Gaza y Jerusalén Este. Conquistados por Israel en 1967, toda la comunidad internacional considera estos territorios «ocupados». En ellos podría edificarse un Estado palestino independiente, en ese 22 % del territorio histórico de Palestina, mientras que el plan de partición de 1947 le concedía el 45 %. «El verdadero día negro fue el séptimo día de la Guerra de los Seis Días [1967]. Entonces tuvimos que decidir retroactivamente si habíamos librado una guerra defensiva o una guerra de conquista, y optamos por esta última. El declive de Israel empezó ese mismo día.» Así se expresaba el profesor Yeshayahu Leibovitz, un judío profundamente religioso que encontramos en Israel. Había previsto que los territorios ocupados se convertirían en el cáncer de su país.

Anunciaba el dominio de los religiosos sobre el Estado y el papel creciente de los servicios de información, en principio contra los habitantes de los territorios ocupados y después contra los israelíes que se opusieran a la política de anexión. Nadie es profeta en su tierra...

## DÍAS CORRIENTES EN LOS TERRITORIOS OCUPADOS

La colonización, «punta de lanza» de la estrategia israelí, hace que la ocupación no se parezca a ninguna otra. En septiembre de 1967 se asienta la primera colonia en Cisjordania, en Kfar Etzion, en la región de Hebrón. Simultáneamente, el gobierno de tendencia laborista de Levy Eshkol emprende la «judaización» de Jerusalén, anexionada y «unificada», proclamada «capital eterna de Israel». Conducida en nombre de la seguridad o de la invocación de un derecho bíblico sobre «Judea y Samaria», bajo la presión de una fracción fanatizada de judíos (de los que algunos poseen pasaportes norteamericanos o franceses), esta estrategia desemboca en una nueva desposesión de los palestinos y en la confiscación de sus tierras. Valiéndose, según los casos, de leyes que datan del mandato británico, y hasta del imperio otomano, los sucesivos gobiernos israelíes se apropian del 65 % de las tierras de Cisjordania y del 40 % de las de Gaza. Además de su papel militar (sobre todo en el valle del Jordán), el entramado muy denso de Cisjordania o de Gaza permite el control y la vigilancia de la población. Los co-

129

lonos armados, en ocasiones miembros de grupos de extrema derecha, no dudan en prestar su concurso a las tropas de ocupación o en actuar ellos mismos como policías. En 2001 hay alrededor de 200.000 colonos en Jerusalén, otros tantos en Cisjordania y 60.000 en Gaza. El término de «colonia», sin embargo, no debe engañarnos. El espíritu pionero de los años veinte y treinta se ha agotado, salvo en un puñado de fanáticos. Desde comienzos de los años 80, Israel utiliza, para «llenar» las colonias, el resorte de la crisis de alojamientos. Como las parejas jóvenes no encuentran vivienda a un precio razonable en las grandes ciudades israelíes, se les propone que se afinquen en las colonias urbanas de Cisjordania. Algunas están situadas a menos de 30 kilómetros de Tel Aviv, y en ellas los precios son dos o tres veces más baratos. «Carreteras de circunvalación» permiten a los colonos evitar todo encuentro con los autóctonos.

Como señala Eithan Felner, director ejecutivo de B'Tselem, la organización israelí de defensa de los derechos de la persona en los territorios ocupados, «al dar a los colonos los mismos derechos que a sus ciudadanos, Israel ha establecido un sistema de segregación y de discriminación en la que dos poblaciones que viven en la misma región [Cisjordania y Gaza] se rigen por dos sistemas legislativos distintos. Los palestinos están sometidos a la ley militar y casi siempre son juzgados por tribunales militares; pero los israelíes que cometen los mismos delitos son juzgados por leyes y tribunales civiles israelíes. Los colonos judíos gozan de los mismos derechos que los judíos en Israel: total libertad de movimiento, de palabra y de asociación, participación en las elecciones locales y nacionales (israelíes), seguridad social, sistema sanitario, etc. Los palestinos que viven a unos cientos de metros de las colonias tienen seriamente limitada la libertad de movimiento. No pueden votar para limitar los poderes del ejército de ocupación y no disfrutan de la seguridad social israelí. En afrikkans, a ese sistema se le llamaba apartheid.»

Estas colonias crecen por doquier, en las inmediaciones de las ciudades y de los pueblos palestinos asfixiados por ese garrote que, cada día, se aprieta un poco más: la construcción de nuevas viviendas se vuelve imposible, así como la extensión natural de las aglomeraciones. Los campesinos pierden sus tierras y se ven obligados a buscar trabajo en Israel; los jóvenes no pueden construir una casa, fundar una familia. Los palestinos se convierten en extranjeros en su propia patria.

En Gaza o en Ramala, un joven de 30 años no ha conocido más que la ocupación. Si es chico, tiene una posibilidad entre dos, digamos, de pasar por la cárcel. Han matado a su hermano, su padre o su primo; varios miembros de su familia han quedado inválidos. Su horizonte no sobrepasa unos pocos kilómetros cuadrados. ¿Cómo expresar el horror prolongado de esta vida? ¿Cómo habríamos reaccionado en Francia si esos jóvenes hubieran sido nuestros hijos?

He encontrado unas notas, escritas al hilo de mis viajes allá, en las que trato de expresar a la vez la angustia y la resistencia.

Año 1985. «Para volver de Gaza a Tel Aviv, cojo un taxi colectivo con un amigo israelí. En nuestra compañía, cinco jóvenes palestinos. Sin ser tensa, la atmósfera no es propicia a la conversación, aunque los dos hablamos árabe. Los cantos árabes, que el taxista escucha en su minicasete, pueblan el silencio. Se entabla entonces una discusión a propósito de la canción; le pedimos que ponga una cinta de Marcel Jalifé, un cantante libanés progresista. El hielo se rompe al instante; no somos "del otro bando", las lenguas se sueltan. Todos los pasajeros se dirigen a Tel Aviv, donde trabajan, en su mayoría, de empleados en restaurantes y ganan entre mil y mil quinientos francos al mes. Como decenas de miles de otros palestinos, todos los días van a trabajar al otro lado de la "línea verde", esa frontera que separa a Israel de los territorios ocupados. Ellos son "declarados", "censados", lo que no ocurre con todo el mundo. Así, cada mañana, en Tel Aviv, se celebra el "mercado de esclavos", donde, desde las cinco de la mañana, se agolpan hombres llegados de Gaza para vender su fuerza de trabajo. Empresarios israelíes pasan en coche y contratan el número de brazos que necesitan. Pagados al día, sin garantías sociales ni estabilidad de empleo, representan una mano de obra sojuzgada a capricho... Como los inmigrados en Europa, los palestinos hacen los trabajos que nadie quiere hacer en su lugar.

»La vida cotidiana de un joven palestino no es nada fácil bajo la ocupación. El taxista nos cuenta la historia, a la vez ejemplar y banal, de su hermano. "Se marchó a Yugoslavia para estudiar mecánica. Al final del primer año, dedicado al aprendizaje de la lengua, volvió aquí de vacaciones. Fue convocado por la policía, que le propuso el trato siguiente: o trabajas para nosotros o ya no podrás viajar. Él se negó, y entonces ellos sacaron un asunto de hacía cuatro años, el hecho de que había participado en una manifestación. Compareció ante un tribunal militar, donde basta un testigo de cargo para que te condenen. La policía encontró, evidentemente, un testigo ¡que le reconoció cuatro años después! Le endosaron tres meses de cárcel y ahora no puede viajar."

»Esta legislación excepcional se aplica a gran escala; la acusación más frecuente es la de "tirar piedras", que te puede costar, en teoría, hasta veinte años de prisión firme. Algunos ejemplos sacados de la prensa: el 29 de enero de 1985, Mujahed Nimr Ahmad Nabhan, un joven de quince años, del campo de refugiados de Kalandia, es condenado a un año de cárcel firme y a tres años con moratoria por arrojar piedras. El 11 de febrero, Ahmed Mussa Issa, de catorce años, es condenado a cinco años de prisión por haber lanzado un cóctel molotov. El 28 de marzo, Anis Abdal Karim Sa'ed, de dieciséis años, oriundo de Gaza, es condenado a seis meses de cárcel y a cinco meses con moratoria de pena por tirar piedras. Pocos jóvenes aquí no han conocido la cárcel en un momento u otro. Con 4.000 presos de "seguridad" que ingresan –o permanecen– cada año en prisión, los territorios ocupados tienen uno de los índices más altos de presos políticos del mundo.»

En diciembre de 1987 estalla la Intifada, la «rebelión de las piedras». Día tras día, los jóvenes se enfrentan a pedradas con las fuerzas de ocupación; la población organiza huelgas y manifestaciones; se extiende el boicot de los productos israelíes. Unas semanas más tarde viajo a Palestina. Notas de viaje:

«Llamémosle Bassam. Le encontramos en Hebrón. Se llama Ahmed en Naplusa, Arabi en Ramala. Tiene veinte años, sólo ha conocido la ocupación y cree, sin embargo, que es la edad más hermosa de la vida. Tiene los ojos rojos de cansancio y no sabe todavía dónde dormirá esta noche; teme que vuelvan a interrogarle. En unos meses, Cisjordania y Gaza se han convertido en un presidio inmenso: más de 9.000 presos. Habría que encarcelar a 300.000 personas en Francia para alcanzar una proporción equivalente de presos políticos.

»Bassam conoce todos los recovecos de su ciudad, a todos los habitantes de su barrio. Se pasea por él con toda libertad, llama a todas las puertas, pide que cada cual cuente la última incursión de los colonos, la manera en que la población les ha rechazado, la forma en que el ejército les ha socorrido. Bassam evita los grandes ejes y a las patrullas israelíes que los surcan; pero sabe que el país real escapa a su control, a pesar de los miles de hombres a los que se ha encomendado esa tarea: antes, 550 soldados bastaban para mantener el orden en toda Cisjordania.

»Bassam es comunista; Ahmed se ha adherido a la Shabiba, la organización juvenil próxima a Al Fatah; Arabi no se reconoce en ningún grupo concreto, pero la OLP resume para él su identidad palestina. Todos tienen esa misma sonrisa, ese mismo aplomo, esa confianza recobrada que sorprende al visitante acostumbrado a la desesperación anterior a la Intifada.»

Intifada: esta palabra puede traducirse como «levantamiento». La Declaración Francesa de los Derechos Humanos y de los Ciudadanos del 24 de junio de 1793 recuerda: «Cuando el gobierno viola los derechos de los pueblos, la insurrección es para el pueblo, y para una porción del pueblo, el más sagrado y el más indispensable de los deberes.»

Esta Intifada representa un hito. David y Goliat invierten sus papeles, Israel descubre su cara de ocupante despiadado. Lo medios de comunicación internacionales transmiten imágenes de adolescentes armados de piedras que son abatidos por el ejército. Incluso en Israel crece la conciencia de que no se puede continuar controlando impunemente Cisjordania y Gaza. Los más conscientes recuerdan la frase de Karl Marx: «Un pueblo que oprime a otro no sabría ser libre.»

«ESTADO JUDÍO» Y DEMOCRACIA

¿Cómo hablar de Israel? Decir que el país ha cambiado es decir poco. En unos decenios se ha convertido, gracias especialmente a la ayuda masiva de Estados Unidos, en una potencia económica moderna. Ha desarrollado una industria de alta tecnología y dominado totalmente la revolución de Internet. En los años ochenta pudo acoger a centenares de miles de inmigrantes soviéticos. Su PIB por habitante es de alrededor de 19.000 dólares, superior al de España, cercano al del Reino Unido (20.000 dólares) o al de Francia (24.000 dólares). Es, por último, para sus ciudadanos judíos, una democracia viva, aunque sufra los mismos defectos que las demás democracias occidentales: desigualdades sociales, imperio del dinero, política espectáculo, etc. Es también una sociedad profundamente dividida, entre azkenasíes y sefarditas (judíos occidentales y judíos orientales), entre laicos y religiosos, entre los rusos y los demás, etcétera. Pero lo que hace de Israel un Estado aparte en la familia de las democracias occidentales es, por un lado, su carácter de «Estado judío» y, por otro, la ocupación que perdura.

De los seis millones de israelíes, un millón son palestinos, ciudadanos que gozan del derecho de voto, pero de segunda zona. Han vivido hasta 1966 bajo «gobierno militar», porque se les consideraba (y a menudo se les considera todavía) «enemigos interiores». Han padecido confiscaciones de tierras, vejaciones, racismo, pero también han accedido a la educación, cobrado conciencia de su identidad y de su peso en la sociedad israelí. Cuando se desencadenó la segunda Intifada, los palestinos de Israel expresaron su solidaridad con sus hermanos y hermanas del otro lado de la «línea verde» (fronteras de 1967). En octubre de 2000 organizaron manifestaciones en las que la policía mató a trece de ellos. Imaginemos en Francia –cuya población es diez veces la de Israel– incidentes, incluso violentos, en los barrios de las afueras y cuyo saldo fuese 130 muertos... Después de muchas tergiversaciones, el gobierno de Ehud Barak aceptó la creación de una comisión de investigación. Sus conclusiones deberán presentarse en el otoño de 2001, pero ya los testimonios abruman a los responsables. Contrariamente a lo que se había afirmado al principio, las fuerzas del orden hicieron uso de balas reales. Un jefe de brigada de la policía explicó que había recibido la orden de disparar no sólo contra todos aquellos que pusieran su vida en peligro (ningún manifestante llevaba armas de fuego), sino también sobre los que blandiesen... hondas.

Israel no solamente ambiciona ser un refugio, un Estado para los judíos, sino también un «Estado judío». En una entrevista publicada en *Libération* (6 de julio de 2001), Sallai Meridor, presidente de la Agencia judía, proclama: «Hay que mantener a toda costa una mayoría judía en Israel.» ¿A toda costa? ¿Cuál sería nuestra indignación si un dirigente serbio de Bosnia explicase que hay que mantener «a toda costa» una mayoría serbia en Bosnia?

Israel tropieza ya con un dilema fundamental: ¿cómo ser a la vez un «Estado judío» y una democracia? Un diputado árabe, hace años, se presentó candidato al puesto de primer ministro. ¿Un árabe puede ser primer ministro de un «Estado judío»? Los ciudadanos árabes (son un millón) ¿pueden ser ciudadanos como los otros en un «Estado judío»? Esta contradicción no cesará de obsesionar a Israel.

La ocupación de los territorios palestinos corroe también al país. Mientras que nosotros polemizamos en Francia sobre la utilización de la tortura durante la guerra de Argelia, Israel sigue siendo la única democracia que ha autorizado durante decenios el uso de «presiones físicas moderadas» sobre los prisioneros. La tortura es allí de uso corriente. En el curso del tiempo, la prolongación de la colonización ha gangrenado a la sociedad israelí, bajado sus barreras morales. Pero se afirma que Israel es una democracia. Sí, ¿y entonces? Una democracia puede emprender guerras de conquista, guerras coloniales. Una democracia puede torturar a resistentes, asesinar a inocentes, martirizar a un pueblo, como hizo Francia en Argelia o Estados Unidos en Vietnam. Es cierto que existen espacios de libertad que permiten denunciar esas acciones, pero eso no disminuye su alcance. Una bomba «democrática» que cae en un campamento de refugiados, ¿es menos homicida que una bomba lanzada por un poder dictatorial?

## AVANCES EN OSLO

Los tiempos cambian. A finales de los años ochenta, un nuevo reparto de cartas se produce en la escena internacional y regional: la Unión Soviética se hunde y Estados Unidos alcanzan una victoria clamorosa contra Irak. Para liberar a Kuwait, Washington, en nombre del «derecho internacional», encabezó una cruzada en la que se alistaron Egipto, Arabia Saudí, Siria y otros países árabes. ¿Pero el derecho internacional no se aplica también en Palestina? ¿Por

138

qué las resoluciones de la ONU serían pertinentes para Kuwait pero papel mojado para Palestina? Empujados por sus aliados árabes, los Estados Unidos contribuyen de manera decisiva a la convocatoria de una conferencia de paz en Madrid en octubre de 1991: por primera vez desde 1949, delegaciones de los diversos países árabes, de los palestinos y de Israel se reúnen en torno a una misma mesa.

La «fatiga» de los dos bandos contribuye también al deshielo. En Israel, un movimiento para la paz, distinto y compuesto, ha crecido. El cemento ideológico que suelda el país se ha resquebrajado. Una parte de los jóvenes se niega a cumplir los tres años de servicio militar obligatorio, excepto para los estudiantes de las escuelas religiosas. Quieren una vida «normal», no vibran con los nombres bíblicos de Judea y Samaria, no tienen la menor vocación de «pioneros». Por su parte, los palestinos, desmoralizados por una onerosa resistencia, aspiran a que se reconozcan rápidamente sus derechos sobre Cisjordania y Gaza.

Al margen de las negociaciones árabe-israelíes, israelíes y palestinos se reúnen en secreto en Oslo y adoptan una «Declaración de principios sobre los acuerdos provisionales de autonomía». «Ya es hora», afirman el gobierno israelí y la Organización para la Liberación de Palestina, «de poner fin a decenios de conflicto, de reconocer nuestros derechos legítimos y políticos recíprocos, de esforzarse en vivir en la coexistencia pacífica y la dignidad y la seguridad mutuas y de alcanzar un arreglo de paz justo, duradero y global, así como una reconciliación histórica.» El 13 de septiembre de 1993, en Washington, bajo la benévola tutela del presidente norteamericano Bill Clinton, Yaser Arafat e Isaac Rabin se estrechan la mano. Una esperanza loca invade la región, el mundo. Palestinos e israelíes parecen haber llegado al borde de la paz.

¿Qué prevén los acuerdos de Oslo? Un período de «autonomía» de cinco años en Cisjordania y Gaza, durante el cual una Autoridad Palestina administrará la vida de los palestinos. El ejército de ocupación se desplegará fuera de las ciudades y pueblos pero seguirá controlando las fronteras exteriores, así como la seguridad de las colonias. Los contenciosos principales –trazado de las fronteras, Jerusalén, refugiados, colonias, etc.– se dejan «en suspenso» y serán objeto de negociaciones sobre un arreglo permanente, que se supone que comienza en el tercer año de la autonomía, esto es, en mayo de 1996. La filosofía de los acuerdos, definida por la Resolución 242 del Consejo de Seguridad de las Naciones Unidas, se resume en la fórmula: «Paz a cambio de los territorios». Pero Israel exigirá la paz y los territorios...

La vaguedad, la «ambigüedad constructiva», como decían los americanos, caracterizaba el texto de Oslo. Éste representaba, sin embargo, una ocasión histórica de poner término al conflicto sobre la base de la coexistencia de dos pueblos, de dos Estados. Esta posibilidad, preciso es admitirlo, fracasó. Algunos proclaman que lo habían previsto, que el resultado era inevitable. No obstante, la Historia depende de los hombres y de las mujeres que la hacen. Ni el asesinato de Isaac Rabin por un extremista israelí, ni la victoria de la derecha israelí en las elecciones de 1996 por unos miles de votos, ni los errores de cálculo de Ehud Barak estaban inscritos «en el cielo».

Por supuesto, el fracaso procede también de tendencias más pesadas. La paz se malogró sobre todo porque la potencia dominante, Israel, tanto su gobierno como su opinión pública, se negó a reconocer al Otro, el palestino, como un igual, como un ser humano que goza de las mismas prerrogativas que cualquier otro ser humano. El derecho de los palestinos a la dignidad, la libertad, la seguridad y la independencia ha sido sistemáticamente subordinado al de los israelíes. Nunca se recordará bastante esto: los acuerdos de Oslo no eran un contrato de matrimonio entre dos esposos iguales en derechos y deberes, sino un arreglo entre un ocupante y un ocupado. Y el primero impuso, en cada etapa y con el apoyo de Estados Unidos, su único punto de vista. Aunque entre 1993 y 2000 se firmaron una decena de acuerdos, sólo se aplicó una débil proporción de las obligaciones estipuladas en los textos: todos los presos políticos palestinos no fueron liberados, el puerto de Gaza no fue construido, el «paso seguro» entre Cisjordania y Gaza fue abierto con cinco años de retraso sobre el calendario previsto, etc. Isaac Rabin proclamaba que «ninguna fecha es sagrada». Los retrasos acumulados colmarán la paciencia de los palestinos...

La paz, que habría podido desembocar en la independencia y la prosperidad, deparaba vejaciones y privaciones. La gangrena de la colonización devoraba inexorablemente las tierras. El gobierno israelí impu-

so una división kafkiana de Cisjordania en las zonas
A, B y C: la zona A –las grandes ciudades–, bajo control absoluto palestino; la B –la gran mayoría de pueblos palestinos–, bajo la autoridad administrativa palestina, pero con el ejército israelí como responsable
de la seguridad; la zona C, ocupada. En el año 2000,
en el momento en que estalla la segunda Intifada, la
Autoridad Palestina reina sobre confetis desperdiga-
dos solamente por el 40 % de Cisjordania (si se aña-
den las zonas A y B), y sobre las dos terceras partes de
la franja de Gaza.

Muna Hamzeh ha residido durante largo tiempo
en el campamento de refugiados de Dheisheh, cerca
de Belén, en la zona A, es decir, en «territorio palestino». Se instaló allí tras una larga estancia en Estados
Unidos. En 1998, cuando la conozco, Muna está
confinada desde hace ya cuatro años en el interior de
esos pocos kilómetros cuadrados. Su historia conden-
sa la pesadilla en la que se debaten muchos de sus
compatriotas. Muna posee un pasaporte norteamericano. Cada tres meses, tiene que abandonar el país y
solicitar un nuevo visado concedido por las autoridades israelíes. A partir de 1994, se niega a cumplir este
trámite. ¿Acaso no está en su casa, en Palestina? En la
zona A puede vivir enclaustrada, pero si se aventura a
las zonas B o C corre el riesgo constante de topar con
un control del ejército israelí... y ser expulsada de su
patria. Su diario, *Jours ordinaires à Dheisheh* [Días or-
dinarios en Dheisheh], publicado en francés y en inglés, traduce mejor que cualquier análisis político las
causas de la segunda Intifada.

Hebrón expresa asimismo la sinrazón de las opciones israelíes. Esta gran aglomeración palestina habría tenido que ser evacuada a finales de 1995, así como el conjunto de las demás ciudades de Cisjordania. No ocurrió así. ¿Por qué? Desde 1979, en el corazón de esta «ciudad de los patriarcas», donde se hallaría la tumba de Abraham, se han impuesto unos cientos de fanáticos judíos. Iluminados, locos por Jehová, armados de metralletas, protegidos por el ejército, provocan y agreden continuamente a la población árabe. En enero de 1997, bajo los auspicios de Estados Unidos, el gobierno de derechas y Yaser Arafat rubrican un acuerdo inverosímil. La ciudad se divide en dos: una parte, que engloba a los 400 colonos y... a 30.000 palestinos, permanece ocupada, y la otra parte es evacuada. Desde el comienzo de la segunda Intifada, esas poblaciones están sometidas al toque de queda permanente, las veinticuatro horas del día. Sólo se levanta durante unas horas, cada tres días, para permitir que los habitantes se procuren alimentos. Los niños están confinados en sus casas y ya no pueden acudir a la escuela. El interés de 400 exaltados ha prevalecido.

¿Quién contará las humillaciones cotidianas que sufren los palestinos durante estos «años de paz»? Un estudiante que se dirige a su universidad no está nunca seguro de franquear las barreras. Un obrero que trabaja todos los días en Israel (no tiene derecho a pernoctar allí, por «motivos de seguridad») se levanta a las cuatro de la mañana para descubrir que el ejército no le deja pasar. Cientos de viviendas, supuestamente construidas de forma ilegal, han sido demolidas. Desde principios de 1993, Jerusalén está prohibida a los palestinos de Cisjordania; numerosos habitantes de la ciudad han sido privados de sus papeles y expulsados. Para la mayoría de los palestinos, la vida cotidiana se ha degradado desde la firma de los acuerdos de Oslo.

A pesar de todo, la opinión palestina ha continuado apoyando durante años el «proceso de paz». La Autoridad se ha implantado y Yaser Arafat regresó triunfalmente a Gaza. A comienzos de 1996 se celebraron elecciones para designar un consejo legislativo; la participación fue masiva. Los palestinos querían creer que la independencia centelleaba al final del camino. Tras la firma de los acuerdos de Oslo II, en septiembre de 1995, una cierta confianza se instauró incluso entre Isaac Rabin y Yaser Arafat. Pero, el 4 de noviembre de 1995, el primer ministro israelí es asesinado por un fanático judío en el curso de un gran mitin pacifista. Simon Peres le sucede. Una serie de atentados suicidas, lanzados por el movimiento islamista Hamás en la primavera de 1996, cristalizan en la victoria, por poco, de la derecha y de Benjamín Netanyahu en las elecciones.

¿Qué papel ha desempeñado el terrorismo en el fracaso de Oslo? En primer lugar, tratemos de precisar este concepto vago, manipulado por unos y por otros, explotado para desacreditar al adversario. Digamos, para simplificar, que el término «terrorismo» designa las violencias dirigidas de forma ciega contra civiles. Los que mayor uso hacen de él son los Esta-

144

dos: Francia en Argelia, Estados Unidos en Vietnam, Rusia en Chechenia, Israel en el Líbano, numerosos gobiernos del tercer mundo, desde Irak a Indonesia, contra sus propias poblaciones. El terrorismo es asimismo a menudo el arma de los desposeídos, la respuesta del débil al fuerte. Se ha utilizado especialmente en las luchas de liberación. La historia lo ha confirmado con frecuencia: no es raro que los antiguos terroristas vistan el traje de dirigentes respetados. Como he dicho en el capítulo II, Menahem Begin e Itzhak Shamir, a la cabeza del Irgún o el Lehi, perpetraron en los años treinta y cuarenta atentados cruentos contra civiles árabes antes de acceder a los más altos cargos de Israel. Los «asesinos del FLN», denunciados día tras día por las autoridades y por la mayor parte de la prensa francesa, son los que dirigen la Argelia independiente. El poder sudafricano blanco ha pactado finalmente con el Congreso Nacional Africano (CNA), cuyos métodos eran periódicamente denunciados por Estados Unidos y el Reino Unido. Isaac Rabin estrechó la mano de Yaser Arafat, «un hombre con las manos cubiertas de sangre judía».

Las imágenes atroces de las víctimas del terrorismo estremecen a la opinión pública. Provocan, con razón, una indignación contra quienes utilizan esta arma ciega. Sin embargo, hay que ir más allá de la condena moral para volver a zambullirse en la realidad política. Y preguntarse: ¿se puede combatir eficazmente el terrorismo sin eliminar sus causas?

El movimiento Hamás (Movimiento de Resistencia Islámica) surgió de la organización de los Herma-

145

nos Musulmanes, que fue, en los años setenta y principios de los ochenta, ayudada por los servicios de información israelíes para... luchar contra la OLP. Hamás expresó en 1993 su hostilidad hacia los acuerdos de Oslo. Bien estructurada, controlando fundaciones de ayuda a las poblaciones más pobres y una red de mezquitas, creó una estructura clandestina, las brigadas Ezedine Al Qasam. Éstas han realizado campañas de atentados contra civiles israelíes, sobre todo en la primavera de 1996, que causaron decenas de muertos. Para que cesaran estas acciones, la Autoridad Palestina utilizó contra esta organización, entre 1997 y 2000, la táctica del palo y la zanahoria, de la represión y la «cooptación». Ha logrado reducir considerablemente el número de atentados y aislar a Hamás de una población que apostaba todavía por la paz.

En cambio, la respuesta israelí al terrorismo fue ilógica. Al tiempo que exigía una lucha más enérgica de la Autoridad para reprimirlo, el gobierno de Tel Aviv replicó frenando las negociaciones, lo que daba a Hamás una especie de derecho de veto sobre el proceso de paz, alejando la perspectiva de una solución y nutriendo la exasperación de la población palestina. Posteriormente, el gobierno israelí ha multiplicado las represalias colectivas, contrarias al derecho humanitario internacional, y en especial los «acordonamientos»: durante uno, dos días, una semana, se mantenía a los habitantes prisioneros en sus ciudades o sus pueblos. Se impedía a la gente que acudiese al trabajo, las mercancías se pudrían en los almacenes, los enfermos morían por no haber podido ingresar en un hospital.

146

El nivel de vida de la mayoría de los palestinos se desplomó, el paro y la pobreza aumentaron. ¿Cómo podía contribuir el castigo de las poblaciones a erradicar el terrorismo? Una sola arma habría sido eficaz: el avance resuelto hacia el fin total de la ocupación, hacia la creación de un Estado palestino.

En 1999, los palestinos están perdiendo la paciencia. No creen ya en los pactos, en las transacciones nunca aplicadas. Desconfían de una Autoridad Palestina envenenada por la corrupción y el autoritarismo. En el mes de mayo, el laborista Ehud Barak gana las elecciones generales y sustituye a Benjamín Netanyahu. A pesar de su victoria clamorosa, relega el expediente palestino a un segundo plano y pierde cantidad de meses negociando, en vano, con Siria. Toma la decisión valerosa de retirar al ejército israelí del Líbano, pero se niega a poner en práctica el nuevo despliegue de tropas prometido en Cisjordania, lo que suscita la inquietud y el recelo de la dirección palestina. En la primavera de 2000, se reanudan las negociaciones sobre el estatuto definitivo de Cisjordania y Gaza. En lo sucesivo hay que abordar los expedientes más espinosos: el trazado de las fronteras, la suerte de los 3,7 millones de refugiados palestinos, las colonias, Jerusalén, etc. Ehud Barak convence al presidente norteamericano Bill Clinton de que convoque una cumbre entre él y Yaser Arafat para «forzar el destino», celebrar una paz definitiva. El dirigente palestino expresa sus reservas; duda de que se puedan resolver en unos días asuntos embrollados y cargados afectivamente. Por último cede a las presiones. La reunión se celebra en Camp David, en julio de 2000. El fracaso se deja sentir tanto más duramente porque se habían vaticinado milagros. Ehud Barak, y tras él el conjunto de la clase política y la mayoría de los intelectuales israelíes, proclamará que los palestinos han rechazado una «oferta generosa», que una vez más han desaprovechado una oportunidad histórica.

¿Una «oferta generosa»? ¿Según qué rasero? ¿El del derecho internacional, que impone a Israel la retirada de todos los territorios ocupados en 1967, y que desmantele todas sus colonias, incluidas las instaladas en Jerusalén Este? «Oferta generosa»... La propia expresión es elocuente: es la de un vencedor, la que el vencido debe ratificar humildemente. Refleja la visión de una paz impuesta por el más fuerte al más débil. Durante largos meses, una cortina de fuego de los medios de comunicación oculta esta realidad, culpando a los palestinos del fracaso de la cumbre. Un año más tarde, conocemos los detalles del encuentro de Camp David, y confirman el carácter profundamente inicuo de las ofertas israelíes. El Estado palestino, concepto que Barak ha aceptado, dispone tan sólo de una soberanía limitada. La vida de los palestinos sigue estando supeditada al ocupante. El 9,5 % de la superficie de Cisjordania es anexionada, y alrededor del 10 %, a lo largo del Jordán, alquilado «a largo plazo» a Israel. Cisjordania queda cortada prácticamente en tres por dos grandes bloques de colonias. Israel conserva el control de las fronteras exteriores del Estado palestino. No hay ninguna solución prevista para los refugiados. Res-

pecto a Jerusalén, por el contrario, Barak ha suaviza-
do un dogma inamovible previendo por primera vez
el reparto de «Jerusalén unificada», decretada en
1967 «capital eterna» de Israel. La ciudad podría
convertirse en la capital de los dos Estados, pero todavía está por determinar lo que pertenecerá a cada
uno. Esta última propuesta suscita una indignación
general en Israel –no obstante el apoyo de la mayoría
de la opinión pública al primer ministro–, pero también en ciertos círculos de las comunidades judías del
mundo, tanto más extremistas cuanto más conforta-
blemente están asentadas lejos del campo de batalla.
Élie Wiesel, premio Nobel de la Paz, suelta en *Le
Monde* (18 de enero de 2001) un texto titulado: «Jerusalén, es urgente esperar», reprochando al primer
ministro israelí las concesiones que ha hecho. Más
vale el Muro de las Lamentaciones que la paz, explica en sustancia esta «gran conciencia». Es cierto que
Élie Wiesel niega el hecho de que los palestinos hayan sido expulsados. Interrogado sobre las matanzas
de Sabra y Chatila, no tuvo una palabra de compa-
sión por las víctimas... Los más fanáticos no son
siempre los que creemos.

Camp David cosecha, pues, un fracaso parcial.
¿Hay que tocar por ello las trompetas del Apocalipsis?
Las negociaciones prosiguen, todavía son posibles los
progresos y se producen algunos. Pero la población
palestina ya no escucha, ya no cree en ellas. Siete
años han transcurrido desde la firma de los acuerdos
de Oslo, el plazo fijado para el final de la autonomía
se ha cumplido con creces, la ocupación y la coloni-

149

zación continúan. El 28 de septiembre de 2000, Ariel Sharon impone su presencia de una manera provocadora en la Explanada de las Mezquitas de Jerusalén; en tres días, el ejército israelí abate a 30 personas y hiere a 500. Los palestinos, a falta de toda consigna central, se rebelan. Reclaman, ni más ni menos, el fin inmediato de la ocupación. De este modo se perfila la segunda Intifada.

Aunque al gobierno israelí corresponde la primera responsabilidad en la explosión, no se puede exonerar totalmente a la dirección palestina de la confusión que se instaura después de septiembre de 2000. Marcada por las prácticas autoritarias de Yaser Arafat, bloqueada por las luchas por la sucesión, gangrenada por la corrupción, ha dado pruebas de una parálisis mortal durante largos meses. No ha medido el peligro que representaba la posible victoria de Ariel Sharon en las elecciones. No se ha mostrado capaz ni de formular con claridad sus objetivos ni de definir una estrategia ni de responder con una campaña mediática a la desinformación que sigue a la cumbre de Camp David. Ha atizado los temores de la opinión israelí mediante algunas declaraciones intempestivas sobre el derecho al retorno de cada refugiado o expresando dudas respecto al carácter sagrado del Monte del Templo para el judaísmo. Persuadido de que Estados Unidos controla el 99 % de las bazas de la negociación, Arafat ha desdeñado un factor crucial: no hay acuerdo posible sin el apoyo de la opinión israelí. Pero estas flaquezas no justifican la no aplicación del derecho en Palestina: Cisjordania, Gaza y Jerusalén

150

Este siguen siendo territorios ocupados, pero los palestinos tienen derecho a un Estado independiente, sea buena o mala la táctica que utilice la dirección de la OLP.

Un año después del estallido de la segunda Intifada, reina una sensación abrumadora de oportunidad perdida. El foso entre los dos pueblos se ha ensanchado. El 6 de febrero de 2001, los israelíes han elegido primer ministro a Ariel Sharon, un halcón impenitente, el principal arquitecto de la guerra del Líbano de 1982 y uno de los responsables de las matanzas de Sabra y Chatila. Para la opinión pública, la segunda Intifada desvelaría la «verdadera cara» de Yaser Arafat e ilustraría su designio escondido de destruir el Estado de Israel. Insensibles a los sufrimientos del Otro, los israelíes se sienten, una vez más, en peligro: el miedo ha prevalecido. Al mismo tiempo, son los palestinos los que pagan el precio más aplastante, en vidas humanas y con la parálisis de las instituciones y de la vida económica.

Todo el acervo de las negociaciones de Madrid y de Oslo está amenazado: el reconocimiento recíproco entre israelíes y palestinos, la normalización de las relaciones entre Israel y los países árabes, las posibilidades de una cooperación económica y de impulsar la democratización de la región. De aquí al 2020, el 58 % de la población que vive en el territorio de Palestina-Israel será árabe; cerca de una tercera parte de los ciudadanos de Israel (dentro de sus fronteras de 1967) será... palestina. ¿Hay que resignarse a la perspectiva de una lucha a muerte entre las dos «comunidades», de una guerra de religión? ¿«Ellos o nosotros» será la consigna de los próximos decenios?

El fiasco parece tanto más monumental cuando se piensa, tras la cumbre de Camp David, que las negociaciones —más de cincuenta sesiones en total— permitieron logros significativos. Ehud Barak, que en Camp David pretendía que había que «tomar o dejar» sus propuestas, tuvo que emprender la vía de la transacción, como atestiguan los resultados del último encuentro entre su equipo y una delegación palestina, en enero de 2001, en Taba (Egipto).

En primer lugar, las dos partes han reconocido que el arreglo territorial debía elaborarse en función de las fronteras del 4 de junio de 1967, pues había que compensar toda anexión por parte de Israel de territorios palestinos. La delegación israelí propuso devolver el 94 % de Cisjordania (que contiene aproximadamente el 20 % de los colonos) y ceder el equivalente del 3 % en territorios israelíes: la delegación palestina accedió a ceder el 2 % de Cisjordania (que contiene alrededor del 60 % de los colonos). Todas las colonias en territorio palestino serán desmanteladas. La evacuación deberá efectuarse rápidamente: en tres años, según los deseos de Israel, en dieciocho meses, según quieren los palestinos. Jerusalén no sería dividida y se convertiría en la capital de los dos Estados, tras haber aceptado los palestinos la anexión por Israel de las colonias judías de Jerusalén Este. El Estado judío controlaría asimismo el Muro de las Lamentaciones, y los palestinos la Explanada de las Mezquitas. Las dos partes siguen en desacuerdo respecto al problema de la soberanía, pero han estudiado diversas sugerencias, entre ellas la de confiarla, durante un periodo limitado, a los cinco miembros del Consejo de Seguridad y a Marruecos. Sobre la seguridad, las posiciones se han aproximado. Los palestinos han concedido una limitación del armamento de su Estado y también la instalación, en determinadas condiciones, de estaciones de alerta israelíes. La presencia de una fuerza internacional en las fronteras ha sido aceptada.

En cuanto al último contencioso, el más complejo en términos afectivos y concretos, es el de la suerte de los 3,7 millones de refugiados palestinos dispersados entre Jordania, Líbano y Siria, así como en Cisjordania y Gaza. En el capítulo anterior hemos examinado los orígenes de este estado de cosas, la estrategia de limpieza étnica que había conducido a la expulsión de un gran número de palestinos en 1948-1950. Pero subrayemos aquí el drama humano que padecen. No son peones que uno desplaza en un tablero de ajedrez político, sino seres de carne y hueso, exiliados desde hace decenios, arrancados de sus raíces, de su patria. ¿Se sabe si desean realmente vivir en Israel en un «Estado judío»? ¿Volver a un pueblo borrado del mapa desde hace ya mucho tiempo? ¿Lo saben ellos mismos?

El relato de Fayçal, un joven de quince años, habitante del campamento de Chatila (Líbano), resume estas contradicciones: «Nos he visto en sueños, a nosotros, la gente del campo, cargando con nuestros enseres y viajando en convoyes parecidos a los que nos

153

habían descrito nuestros padres al contar su partida de Palestina en 1948. Pero esta vez volvíamos a Palestina. Después de pasar Naqura, vi un lago grande y pregunté a mi padre qué era. Él me respondió: "Cómo, hijo mío, es el Tiberíades, ¿no lo reconoces?" Noté que mi pecho se dilataba y me puse a contemplarlo. Desde el camión, vi desfilar una tierra verde, verde, llena de olivares. Y llegamos a Palestina. Inmediatamente, toda la gente del campo se dispersó, volviendo cada cual a su pueblo. El que era originario de Haifa volvió a Haifa, el que venía de Jaffa regresó a Jaffa. Yo me encontré solo, y todos mis amigos de la escuela se fueron. Me sentí terriblemente solitario y me dije: ojalá nosotros, que vivíamos en el campo, pudiésemos crear un pequeño país, un pueblo o un campo que se pareciese a Chatila, donde vivíamos. Y fui a buscar a mis amigos y les dije: "Venid a poblar, en el corazón de Palestina, un país que nos reúna y que sea como el campo..." Pero en ese instante me desperté.»

Como recuerda el intelectual palestino Elias Sanbar en un magnífico texto titulado «Un espectro obsesiona a Israel...» (*Le Monde*, 25 de enero de 2001), «para los negociadores palestinos, el derecho al retorno [...] es un derecho humano inalienable, no un derecho a inmigrar a un país determinado. Este derecho no es, por tanto, negociable, pero su aplicación, su puesta en práctica sí lo es, desde el momento en que se reconoce ese derecho. Vemos bien que este enunciado no sólo entraña una posición de principio, sino también un orden de secuencia; dos fases, en suma: el reconocimiento del derecho debe preceder a su aplicación; aquél es preceptivo para poder negociar, es decir, relativizar, su puesta en práctica».

El derecho de los refugiados a regresar a sus casas es, desde luego, «un derecho humano inalienable», un principio universal válido en la antigua Yugoslavia, en Ruanda o en Chechenia. Todo el mundo tiene aún en la memoria la guerra de Bosnia y los acuerdos de Dayton que le pusieron fin. La comunidad internacional había decretado que la posibilidad de que los refugiados volviesen a sus hogares fuese una condición del acuerdo. En 2001, en varias ocasiones, exiliados musulmanes intentaron instalarse en ciudades serbias o croatas de Bosnia de las que habían sido expulsados; se toparon con el rechazo violento de poblaciones locales que invocaban el riesgo que su presencia representaba para los «equilibrios demográficos». Ningún intelectual, ningún periodista occidental, que yo sepa, ha avalado ese rechazo. Lo que es inaceptable en Bosnia, ¿sería tolerable en Palestina? ¿Dos raseros distintos?

Los negociadores de Taba lo han comprendido. La parte israelí ratificó dos ideas importantes. En primer lugar reconoció que toda solución debería conducir a la aplicación de la Resolución 194 de la Asamblea General de la ONU, que afirma el derecho de los refugiados palestinos a regresar a sus hogares. A continuación Israel admitió, por primera vez, que tenía una parte de la responsabilidad en la creación del problema de los refugiados. A partir de esos principios y de la confirmación por los negociadores pales-

155

tinos de que no reclamaban un retorno inmediato e incondicional de los refugiados a Israel, han empezado a elaborarse soluciones concretas. Cinco posibilidades se les ofrecen a los refugiados: el regreso a Israel; el retorno a territorios israelíes cedidos por Israel a Palestina; el retorno al Estado palestino; la instalación en su lugar de residencia (Jordania, Siria, etc.); la partida hacia otro país (varios Estados, entre ellos Canadá, han comunicado que estaban dispuestos a aceptar a contingentes importantes de palestinos). Aun insistiendo en la libre elección de los refugiados, los responsables palestinos han recordado que no querían cuestionar el carácter judío del Estado de Israel, carácter que reconocieron con ocasión de la declaración de independencia de Palestina adoptada en el Consejo Nacional en 1988. Han admitido asimismo el hecho de que Israel decida en última instancia quién sería admitido en su territorio. El Estado judío ha accedido al retorno de 40.000 refugiados a lo largo de cinco años, pero los palestinos han replicado que una oferta inferior a 100.000 no permitiría avanzar. Las dos partes se han puesto también de acuerdo sobre la idea de una prioridad concedida a los refugiados del Líbano, que viven en las condiciones más duras debido a la política discriminatoria del gobierno de Beirut. Una comisión internacional y un fondo internacional se crearían rápidamente para indemnizar a los refugiados.

¿Por qué los progresos de Taba no han podido transformarse en un acuerdo? No quedaba tiempo para plasmarlos en un auténtico tratado, habría habido que conformarse con una simple declaración. Ahora bien, los dos protagonistas lo sabían, se disputaban las elecciones israelíes. Ehud Barak tergiversaba; algunos de sus propios ministros le acusaban de querer sacrificar los intereses nacionales a los de su futuro político. Además, una derrota en las elecciones después de la firma de un documento palestino-israelí, ¿no habría sido sinónimo de una retractación de los compromisos de Taba? Por otro lado, los palestinos dudaban a la hora de firmar un texto que contenía las numerosas concesiones que habían hecho (sobre Jerusalén y los refugiados, en particular), mientras que Ariel Sharon, por su parte, no se habría sentido comprometido por una simple declaración. La idea, acariciada por un instante, de una cumbre en el último momento entre Arafat y Barak fue finalmente abandonada.

Para que no se perdiera lo obtenido en los últimos meses, las dos delegaciones encargaron a Miguel Ángel Moratinos, el enviado especial de la Unión Europea, presente en Taba –Estados Unidos, en plena transición presidencial, no había enviado delegados–, que elaborase un resumen de las conclusiones. Para la historia, sin duda, pero también porque en un momento u otro habría que reunirse alrededor de una mesa.

Convertir las transacciones de Taba en un acuerdo de paz como es debido requerirá todavía esfuerzos y buena voluntad. Pero las grandes líneas de una solución aceptable para las dos partes, que ponga un punto final al conflicto entre israelíes y palestinos y conduzca a una paz global en la región y al reconocimiento por el mundo árabe del hecho israelí, están ya trazadas. A pesar de la escalada actual y de los extremos en que se ha incurrido, un entendimiento basado en estos principios podría recabar la conformidad de las dos poblaciones, que desean poner término a una guerra sin fin. Al sostener este acuerdo, al imponerlo, quizá, la comunidad internacional, la ONU, desempeñaría por una vez su función.

En efecto, la otra opción única entraña una pesadilla, un apocalipsis tan a menudo anunciado sobre esta tierra tres veces santa, un apocalipsis que no haría diferencia alguna entre unos y otros, entre los vencedores y los vencidos. Tenemos de ello un atisbo dramático con la escalada de la violencia militar israelí y la multiplicación de los atentados suicidas palestinos. La Biblia refiere la historia de Sansón, uno de los héroes de la lucha de su pueblo contra los ocupantes filisteos, que es hecho prisionero por sus enemigos, que le arrancan los ojos y le llevan a Gaza. Un día, los filisteos le hacen comparecer para burlarse de él: «Sansón palpó las dos columnas del centro, en las que descansaba el templo, y se apoyó contra ellas, poniendo en una el brazo derecho y en la otra el brazo izquierdo. Sansón dijo: "Muera yo con los filisteos", y a continuación empujó con fuerza y el templo se derrumbó sobre los tiranos y sobre todo el pueblo que se encontraba dentro. Los muertos que causó con su muerte fueron mucho más numerosos que los que había matado durante su vida.»

# POSFACIO A LA EDICIÓN ESPAÑOLA: DESPUÉS DEL 11 DE SEPTIEMBRE

La versión francesa de este libro salió de la imprenta el 11 de septiembre de 2001. Firmé los primeros ejemplares destinados a la prensa con la oreja pegada al transistor. Un avión acababa de chocar contra una de las torres del World Trade Center de Nueva York; decenas de minutos más tarde, otro avión se estrellaba contra su gemela. A continuación le tocó el turno al Pentágono. Se hablaba de un ataque contra la Casa Blanca, contra el Capitolio, contra el avión personal del presidente norteamericano. Yo no pude por menos de pensar en los últimos párrafos de «Israel-Palestina»: en Sansón sacudiendo las columnas del templo que se desplomaba, causando la muerte del héroe y de sus enemigos, de culpables e inocentes.

Durante algunas horas hubo dudas respecto a la identidad de los autores. Especialistas en terrorismo, visitantes asiduos de los estudios de televisión, dieron a entender que podía tratarse de una venganza palestina: el secretario general del Frente Popular para la

Liberación de Palestina había sido asesinado por el ejército israelí algunas semanas antes. Como ya hace mucho tiempo que uno no muere de ridículo, siguieron recurriendo a ellos. Los especialistas explicaron entonces que los culpables pertenecían a la red Al-Qaeda y obedecían órdenes de su jefe, Osama Bin Laden. Aunque algunos aspectos de la operación siguen siendo un misterio, el diagnóstico, esta vez, parecía correcto.

Sin embargo, no ponía fin a los debates y controversias. A pesar de toda la empatía para con los miles de víctimas civiles de Nueva York y de Washington, se suscitaron numerosos interrogantes: ¿Estados Unidos era un «país inocente»? La guerra contra Afganistán, país devastado por más de veinte años de conflicto, ¿era la respuesta correcta a los crímenes perpetrados en Nueva York y Washington? La guerra contra el terrorismo, ¿era en lo sucesivo el eje de la batalla del «mundo civilizado» contra la barbarie, como afirmaba la administración del presidente tan mal elegido, George W. Bush? Después de Afganistán, ¿cuáles serían los siguientes objetivos de los Estados Unidos? Aunque lo negase la administración norteamericana, no se podía por menos de señalar que todos los «enemigos» pertenecían al mundo musulmán. En este contexto agitado e incierto, el drama palestino-israelí recobraba toda su magnitud. La motivación principal de los piratas del aire no era, palmariamente, la paz en Palestina. La operación había sido minuciosamente preparada durante largos meses, por hombres y mujeres que se oponían a cualquier acuerdo entre israelíes y palestinos.

Un acuerdo entre los gobiernos de Ehud Barak y la Autoridad Palestina en Camp David o en Taba no les habría detenido. Por el contrario, si hubiese existido un Estado palestino, si el 11 de septiembre de 2001 Israel hubiera estado en paz con muchos de sus vecinos, cabe pensar que las reacciones en la opinión árabe y musulmana habrían sido más decididamente hostiles a los atentados terroristas. También cabe creer que el discurso occidental sobre la erradicación del terrorismo habría ejercido una mayor influencia sobre opiniones privadas de las imágenes cotidianas, transmitidas por las cadenas por vía satélite, del ejército israelí aplastando a los palestinos.

Digan lo que digan en Washington, el antiamericanismo que se extiende en la «calle» árabe o musulmana no se debe a un rechazo de los «valores» que pretenden defender los Estados Unidos –la libertad, la democracia, el desarrollo, etc.–, sino a su política concreta en la región, al apoyo que presta a Ariel Sharon y a su embargo contra Irak. En 1956, tras la condena por parte del presidente Eisenhower de la agresión de Francia, Gran Bretaña e Israel contra el Egipto de Nasser –a raíz de la nacionalización del canal de Suez–, la popularidad de Estados Unidos alcanzó su cenit en Oriente Próximo.

Durante varios meses después del 11 de septiembre de 2001, se ha podido pensar que Estados Unidos, deseoso de consolidar una amplia coalición antiterrorista, iba a modificar su política en Oriente Próximo. La nueva administración republicana mencionaba por primera vez la idea de un Estado palestino. Decidía implicarse en el problema, nombraba a un enviado especial para la región, hacía un llamamiento de moderación a las dos partes. Pero la fácil victoria de Estados Unidos en Afganistán, la falta de reacción en el mundo árabe y musulmán, la primacía del clan más «duro» dentro del gobierno norteamericano, volvieron las tornas. El presidente George W. Bush tomaba partido sin ambages por el gobierno de Ariel Sharon, un gobierno del que está claro que no quiere la paz a ningún precio –Oslo es la mayor catástrofe que le ha ocurrido a Israel, afirma Sharon–, y cuyo objetivo estratégico es la destrucción de la Autoridad Palestina, ¡no de golpe y porrazo! (lo que podría crearle dificultades internacionales), sino apretando el garrote un poco más cada día.

Poco importa que esta estrategia esté condenada al fracaso. Un año después de su elección, Ariel Sharon, que había prometido a su pueblo «la paz y la seguridad», no ha conseguido ni la una ni la otra. La resistencia palestina continúa, a pesar de una represión terrible, a pesar del acordonamiento de los territorios ocupados que siembra el hambre entre la población palestina, a pesar de los «asesinatos selectivos» planeados contra los supuestos «terroristas», y pese a la destrucción de todas las infraestructuras civiles, en particular las construidas gracias a la ayuda de la Unión Europea. Prosiguen igualmente los atentados sangrientos contra civiles israelíes.

Esta situación ha producido, por primera vez desde la elección de Sharon, el 6 de febrero de 2001, un estremecimiento en la opinión israelí. La cota de popularidad del primer ministro ha caído por debajo del 50 %, y el 54 % se declara descontento con la manera en que Sharon gestiona los problemas de seguridad. El 47 % se manifiesta favorable a la paz con los palestinos, aun cuando una mayoría se muestra partidaria del derrocamiento de Yaser Arafat. Más espectacular es el movimiento de los reservistas, que se niegan a servir en los territorios ocupados, y que han prestado testimonios abrumadores sobre las prácticas del ejército israelí contra las poblaciones civiles. Por último, en la clase política se alzan voces a favor de una solución. «Sí, tenemos un interlocutor para la paz», declara el antiguo ministro de Justicia Yossi Beilin, mientras que su colega en el Parlamento, Abraham Burg, presidente de la Knesset, decide visitar Ramala, invitado por su homólogo palestino Ahmed Orei («Abu Ala»). Un movimiento palestino-israelí para la paz, que agrupa a responsables políticos de los dos pueblos, trata de actuar en esta dirección.

Pero la desconfianza entre ambos pueblos sigue siendo profunda, y es poco probable que, abandonados a sí mismos, a sus temores y a sus odios, logren superar las dificultades. Es aquí donde aparece la misión de la comunidad internacional. Únicamente ella puede ejercer las presiones necesarias para salir del callejón sin salida, pero siempre que se definan de antemano los principios de una solución. Estos principios son claros, enunciados con frecuencia por las Naciones Unidas:

– evacuación por parte de Israel de los territorios ocupados en junio de 1967;

163

– creación de un Estado palestino, con su capital en Jerusalén Este, al lado del Estado de Israel;
– derecho de Israel a vivir en paz y seguridad dentro de fronteras seguras y reconocidas;
– solución justa del problema de los refugiados palestinos.

La formalización de estos principios se llevó a cabo en Taba, en enero de 2001 (véanse páginas 155-158). Las dos partes encomendaron entonces a Miguel Ángel Moratinos, enviado especial de la Unión Europea a Oriente Próximo, que estableciera una lista detallada de estas transacciones. Su trabajo ha terminado y el documento debería servir de base para la reanudación de las conversaciones.

Habría que convocar una conferencia internacional, semejante a la que se celebró en Madrid en octubre de 1991, y que sirviese de punto de partida para las negociaciones entre israelíes y árabes. Al igual que ha podido hacerlo en Bosnia, en Kosovo o en Timor, la comunidad internacional tendría la fuerza necesaria para imponer esta solución.

Si, por el contrario, se limitara a esperar acontecimientos, si la estrategia norteamericana no se modificase, proseguiría la lucha a muerte entre los dos pueblos, una guerra en la que no habrá vencedor y que amenaza con arrastrar a toda la región a una catástrofe anunciada, cuyo tremendo anticipo nos han dado los sucesos del 11 de septiembre de 2001.

A. G.
*Febrero de 2002*

# CRONOLOGÍA: DE LA PRIMERA GUERRA MUNDIAL A LA SEGUNDA INTIFADA

**1914** Comienza la Primera Guerra Mundial. El imperio otomano participa en el bando de Alemania y de Austria-Hungría.

**1916** Acuerdos secretos Sykes-Picot entre Francia y Gran Bretaña sobre el reparto del Oriente Próximo.

**1917** *2 de noviembre:* Lord Arhur James Balfour, ministro británico de Asuntos Exteriores, envía una carta a lord Walter Rothschild, representante de los judíos británicos, en la que anuncia que el gobierno británico «acoge favorablemente el establecimiento en Palestina de un hogar nacional para el pueblo judío».
*9 de diciembre:* Las tropas británicas toman Jerusalén.

1920 *Mayo:* Revueltas sangrientas en Jerusalén contra la inmigración judía.

1922 *Julio:* La Sociedad de Naciones confía a Gran Bretaña el mandato sobre Palestina.

1929 *Agosto:* Nuevas revueltas en Jerusalén. Manifestación en toda Palestina. Pogromo en Hebrón.

1933 *Enero:* Hitler llega al poder en Alemania.

1936 Huelga general palestina entre abril y octubre. Así comienza la «gran rebelión palestina», que durará hasta 1939.

1937 *7 de julio:* Informe de la comisión de investigación Peel, que propone la partición de Palestina en dos Estados, pero manteniendo el control británico.

1939 *17 de mayo:* Adopción del Libro Blanco británico, que prevé la creación en Palestina de un Estado unificado en el que judíos y árabes se repartiesen el poder, y la limitación de la inmigración judía y de la compra de tierras por los sionistas.
*Septiembre:* Comienza la Segunda Guerra Mundial.

1942 *Mayo:* La organización sionista mundial adopta

el programa de Biltmore, que reclama la creación de un Estado judío en toda Palestina, así como la libertad de inmigración.

**1947** *Febrero:* Londres decide someter la cuestión palestina a las Naciones Unidas (ONU).

*29 de noviembre:* La Asamblea General de la ONU adopta, por mayoría de dos tercios, el plan de partición de Palestina mediante la Resolución 181, que prevé un Estado judío, un Estado árabe y una zona «bajo régimen internacional particular» alrededor de Jerusalén.

**1948** *9-10 de abril:* Matanza de un centenar de habitantes en el pueblo palestino de Deir Yassin.

*14 de mayo:* David Ben Gurión proclama el nacimiento del Estado de Israel.

*15 de mayo:* Penetración en Palestina de los ejércitos de los Estados árabes, que rechazan el plan de partición: ejércitos de Transjordania, de Egipto y de Siria, apoyados por contingentes libaneses e iraquíes.

*11 de diciembre:* Adopción por la ONU de la Resolución 194, que proclama el derecho de los refugiados a regresar a sus hogares (o a una indemnización).

**1949** *11 de mayo:* Israel se convierte en miembro de la ONU.

*Del 23 de febrero al 20 de julio:* Los acuerdos de

167

armisticio firmados por Israel y sus vecinos árabes ratifican los resultados de la guerra.

1950 *Abril:* Transjordania se anexiona Cisjordania. Egipto afianza su control sobre Gaza.
Israel aprueba la ley del retorno, que concede de oficio la nacionalidad a todo inmigrante judío.

1956 *Octubre-noviembre:* Agresión de Israel, de Francia y de Gran Bretaña contra Egipto tras nacionalizar Nasser el canal de Suez, el 26 de julio.

1959 *Octubre:* Primer Congreso de Al Fatah, creado en Kuwait.

1964 *13-17 de enero:* Primera cumbre de los jefes de Estado árabes en El Cairo.
*29 de mayo:* Creación de la Organización para la Liberación de Palestina (OLP) en Jerusalén.

1965 *1 de enero:* Primera acción militar de Al Fatah contra Israel.

1967 *5-10 de junio:* Guerra de los Seis Días: Israel ocupa el resto de Palestina (Cisjordania, la franja de Gaza, Jerusalén este), el Sinaí egipcio y el Golán sirio. La colonización de estos territorios empieza a partir del verano.
*22 de noviembre*: El Consejo de Seguridad de las Naciones Unidas adopta la Resolución 242.

Reconoce el derecho a la existencia y la seguridad de Israel, pero también que «la retirada de las fuerzas armadas de los territorios ocupados» es la condición de una paz duradera. Su filosofía se resume en el principio «La paz a cambio de los territorios».

**1969** *1-4 de febrero:* Quinto Consejo Nacional Palestino. Yaser Arafat se convierte en presidente del comité ejecutivo de la OLP.

**1970** *Septiembre:* Los enfrentamientos entre el ejército jordano y la OLP conducen al aplastamiento de esta última. En 1971 es expulsada de Jordania. La dirección de la resistencia palestina se instala en el Líbano.

**1972** *5-6 de septiembre:* Un comando de la organización palestina Septiembre Negro asesina a varios atletas israelíes en los Juegos Olímpicos de Munich.

**1973** *6 de octubre:* Ofensiva de las tropas egipcias y sirias para reconquistar los territorios ocupados por Israel. Comienza la guerra de Octubre, también llamada «Guerra del Kippur» o «del Ramadán».
*26-28 de noviembre:* Cumbre árabe en Argelia. La OLP es reconocida «único representante del pueblo palestino». Jordania se abstiene en esta resolución.

**1977** *12-20 de marzo:* Decimotercer Consejo Nacional Palestino de la OLP en El Cairo. Aceptación de la idea de un Estado palestino independiente, edificado en una parte de Palestina.

*17 de mayo:* La derecha gana por primera vez las elecciones en Israel. Su dirigente, Manahem Begin, ocupa el cargo de primer ministro.

*19-21 de noviembre:* Viaje del presidente egipcio Anuar El Sadat a Jerusalén.

**1978** *14 de marzo:* Israel invade el sur del Líbano.

*17 de septiembre:* Firma de los acuerdos de Camp Davis entre Egipto, Israel y Estados Unidos.

**1981** *6 de octubre:* Asesinato del presidente Sadat.

**1982** *25 de abril:* Fin de la evacuación del Sinaí por Israel.

*6 de junio:* Comienza la invasión israelí del Líbano y el asedio de Beirut.

*14-18 de septiembre:* Asesinato del nuevo presidente del Líbano, elegido pero aún no investido, Bechir Gemayel. Entrada de las tropas israelíes en Beirut Oeste. Matanzas en los campos de Sabra y Chatila. Balance: 800 muertos según la comisión de investigación israelí presidida por el juez Kahane, 1.500 según la OLP.

**1987** *Diciembre:* Comienza en Gaza, y luego en Cisjordania, la primera Intifada o «rebelión de las piedras».

**1988** *12-15 de noviembre:* Decimonovena sesión del Consejo Nacional Palestino en Argelia: la OLP proclama el estado de Palestina, reconoce las Resoluciones 181 y 242 de la ONU y reafirma su condena del terrorismo.

**1991** *30 de octubre:* Apertura de la Conferencia de Madrid por los presidentes norteamericano y soviético, George Bush y Mijaíl Gorbachov, seguida, el 3 de noviembre, de las primeras negociaciones bilaterales entre Israel y sus vecinos árabes, incluidos los palestinos, en el marco de una delegación común jordano-palestina.

**1992** *23 de junio:* Isaac Rabin y el Partido Laborista ganan las elecciones legislativas israelíes.

**1993** *9-10 de septiembre:* Israel y la OLP se reconocen mutuamente.
*13 de septiembre:* La OLP y el gobierno israelí firman en la Casa Blanca, en presencia de Isaac Rabin y de Yaser Arafat, la Declaración de principios sobre los acuerdos provisionales de autonomía.

**1994** *25 de febrero:* Matanza en la mezquita de Hebrón: el colono Baruch Goldstein asesina a 29 palestinos.

*29 de febrero:* Acuerdo de París entre Israel y la OLP sobre las cuestiones económicas.

*4 de mayo:* Acuerdo del Cairo entre Isaac Rabin y Yaser Arafat sobre las normas de desarrollo de la Declaración de principios palestino-israelí.

*1 de julio:* Regreso de Yaser Arafat a Gaza.

*14 de octubre:* Yaser Arafat, Simón Peres e Isaac Rabin reciben conjuntamente el premio Nobel de la Paz.

*26 de octubre:* Firma entre Israel y Jordania de un tratado de paz.

**1995** *28 de septiembre:* Yaser Arafat e Isaac Rabin firman en Washington acuerdos sobre la ampliación de la autonomía a Cisjordania, llamados acuerdos de Oslo.

*4 de noviembre:* Asesinato de Isaac Rabin por un estudiante israelí de extrema derecha. Es sustituido por Simon Peres.

*Noviembre-diciembre:* Israel concluye su retirada de las ciudades palestinas, salvo Hebrón.

**1996** *20 de enero:* Yaser Arafat es elegido presidente de la Autoridad Palestina y sus partidarios ganan los dos tercios de los 80 escaños del Consejo de Autonomía, que toma el nombre de Comité Legislativo.

*Febrero-marzo:* En represalia por el asesinato de Yehia Ayache, el «ingeniero» de Hamás, por los servicios secretos israelíes, Hamás organiza en Jerusalén, Tel Aviv y Ashqelon una serie de sangrientos atentados terroristas que causan más de 100 muertos y desestabilizan al gobierno Peres.

*Abril:* Operación «Uvas de la cólera» del ejército israelí contra el Líbano. El día 18, un centenar de civiles refugiados en el campo de la ONU de Cana perece bajo las bombas israelíes. El 27 se establece un alto el fuego.

*24 de abril:* Reunido por primera vez en Palestina, en Gaza, el Consejo Nacional Palestino elimina de su Carta todos los artículos que cuestionan el derecho a la existencia del Estado de Israel.

*29 de mayo:* Benjamín Netanyahu y su coalición, que agrupa a la derecha, la extrema derecha y a los religiosos, ganan por muy poco las elecciones israelíes.

*27-29 de septiembre:* La apertura por la municipalidad judía de Jerusalén de un túnel más abajo de la Explanada de las Mezquitas provoca el estallido de violencia más grave en los territorios ocupados desde el final de la Intifada (76 muertos).

1997 *15 de enero:* Protocolo de acuerdo sobre el nuevo despliegue israelí de la ciudad de Hebrón.

*25 de septiembre:* La policía autónoma palestina cierra dieciséis oficinas y asociaciones vinculadas con Hamás.

**1999** *4 de mayo:* Fin del periodo de autonomía palestina previsto por la Declaración de principios del 13 de septiembre de 1993. El Consejo Central de la OLP acepta aplazar la proclamación del Estado palestino independiente.

17 de mayo: Elecciones en Israel de los 120 diputados del Parlamento y del primer ministro. El candidato laborista Ehud Barak gana ampliamente.

**2000** *Mayo:* Retirada precipitada –estaba prevista para el 7 de julio– del ejército israelí del sur del Líbano.

*11-24 de julio:* Negociaciones en Camp Davis entre Ehud Barak, Yaser Arafat y Bill Clinton.

*28 de septiembre:* El jefe del Likud, Ariel Sharon, hace acto de presencia en la Explanada de las Mezquitas, en Jerusalén. Al día siguiente se producen los primeros choques, las primeras víctimas y el comienzo de la segunda Intifada.

**2001** *21-27 de enero:* Conversaciones de Taba entre israelíes y palestinos.

*6 de febrero:* El candidato de la derecha, Ariel Sharon, es elegido primer ministro de Israel con el 62,5 % de los votos.

# BIBLIOGRAFÍA

Mi deuda con historiadores y intelectuales palestinos y judíos es inmensa. No puedo citar aquí todas sus obras –en esta bibliografía sucinta me he limitado a citar algunas obras francesas o traducidas al francés–, pero quisiera, por lo menos, mencionar sus nombres, en desorden: Walid Jalidi, Benny Morris, Ilan Pappé, Nur Masalha, Elias Sanbar, Simha Flapan, Idith Zertal, Ilan Halevi, Boaz Evron, Tom Segev, Avi Shlaim, Zeev Sternhell, Edward Said, Yezid Sayigh. Quisiera asimismo rendir un homenaje especial a Maxime Rodinson y a Pierre Vidal-Naquet, cuyas reflexiones me han servido de brújula en el terreno minado que yo había decidido atravesar.

Sobre la historia del conflicto palestino-israelí, se podrá consultar, en francés:

Olivier CARRÉ, *Le Mouvement national Palestinien*, Gallimard, coll. «Archives», 1972 [*El movimiento nacional palestino*, Narcea, 1982].

Alain GRESH, Dominique VIDAL, *Palestine 47. Un partage avorté*, Complexe, 1987.

Ilan HALEVI, *Sous Israël, La palestine*, Le Sycomore, 1978 [*Palestina bajo Israel*, Ediciones Vascas, 1979].

Henry LAURENS, *La Question de Palestine. L'invention de la Terre Sainte*, Fayard, 1999.

Ilan PAPPÉ, *La Guerre de 1948 en Palestine*, La Fabrique, 2000.

Tom SEGEV, *C'était en Palestine au temps des coquelicots*, Liana Levi, 2000.

Sobre los judíos, el sionismo y la nación:

Suzanne CITRON, *L'Histoire de France autrement*, Les Éditions ouvrières, 1992.

Éric HOBSBAWM, *Nations et Nationalisme depuis 1780*, Gallimard, 1990 [*Naciones y socialismo desde 1780*].

Maxime RODINSON, *Peuple juif ou Problème juif?*, La Découverte/Poche, 1997.

Tom SEGEV, *Le Septième Million. Les Israéliens et le Génocide*, Liana Levi, 1993.

Pierre VIDAL-NAQUET, *Les Juifs, la mémoire et le présent*, La Découverte, 1991.

Sobre el genocidio, la memoria y la expulsión de los palestinos:

Primo LEVI, *Si c'est un homme*, Julliard, 1987 [*Si esto es un hombre*, Muchnik, 1987].

Tzvetan TODOROV, *Les Abus de la mémoire*, Arléa, 1998 [*Los abusos de la memoria*, Paidós, 2000].

176

Dominique VIDAL, junto con Joseph ALGAZY, *Le Péché originel d'Israël*, L'Atelier, 1998.

Pierre VIDAL-NAQUET, *Les Assasins de la mémoire*, La Découverte, 1987.

# ÍNDICE